# 写作创造美好生活

## 新写作教育论纲

朱永新 著

人民文学出版社

图书在版编目（CIP）数据

写作创造美好生活：新写作教育论纲／朱永新著． ――北京：人民文学出版社，2024

ISBN 978-7-02-017851-3

Ⅰ.①写… Ⅱ.①朱… Ⅲ.①汉语－写作－教学研究 Ⅳ.① H15

中国国家版本馆CIP数据核字（2023）第 041449 号

责任编辑　关淑格　李佳悦
装帧设计　刘　远
责任校对　李　雪
责任印制　苏文强

出版发行　人民文学出版社
社　　址　北京市朝内大街166号
邮政编码　100705

印　　刷　三河市中晟雅豪印务有限公司
经　　销　全国新华书店等

字　　数　160千字
开　　本　880毫米×1230毫米　1/32
印　　张　8.5　插页3
版　　次　2024年5月北京第1版
印　　次　2024年5月第1次印刷

书　　号　978-7-02-017851-3
定　　价　45.00元

如有印装质量问题，请与本社图书销售中心调换。电话：010-65233595

# 目 录

第一章 写作与新教育写作 ································ 001
一、什么是写作 ································ 003
（一）写作的概念 ································ 003
（二）写作的历史 ································ 015
1. 口头写作 ································ 015
2. 书面写作 ································ 016
3. 互联网写作 ································ 018
4. AI 写作 ································ 022
二、什么是新教育写作 ································ 030
（一）新教育写作的溯源 ································ 031
（二）新教育写作的概念 ································ 034
（三）新教育写作的探索历程 ································ 036
（四）新教育写作的特点 ································ 039

## 第二章　新教育写作的意义与价值 ……044

### 一、写作让个体成为更好的自己 ……045
（一）真正的学习思考离不开写作 ……045
（二）职业生涯的发展离不开写作 ……047
（三）幸福完整的生活离不开写作 ……048

### 二、写作让社会发展更加和谐 ……056
（一）写作是家庭幸福的纽带 ……056
（二）写作是现代社会人际交流的桥梁 ……059
（三）写作是社会和谐与国家稳定的利器 ……060
（四）写作是人类文明传承和人类命运
　　　共同体构建的基石 ……061

### 三、写作让教育生活更加精彩 ……063
（一）写作构筑良好教育生态 ……064
（二）写作提升教育的品质 ……071
（三）写作书写教师的生命传奇 ……084

## 第三章　新教育写作的理论构建 ……091
一、哲学基础：对话存在论 ……091
二、文化学基础：多元文化论 ……095
三、心理学基础：整体联动论 ……098
四、语言学基础：语用表达论 ……102
五、教育学基础：生命叙事论 ……107

## 第四章　新教育写作的实践探索 ……117
一、新教育写作的内容与方法 ……117
（一）新教育学生写作：

用文字搭建成长的阶梯 ……117

1. 新教育学生写作的内容 ……118
2. 新教育学生写作的意义 ……119
3. 新教育学生写作的特点 ……121
4. 新教育学生写作的方式 ……126

（二）新教育教师写作：

书写自己的教育史 ……165

1. 新教育教师写作的内容 ……165
2. 新教育教师写作的意义 ……167
3. 新教育教师写作的特点 ……171
4. 新教育教师写作的方式 ……173

（三）新教育共同体写作：

在写作大家庭绽放自我 ……176

1. 新教育家庭写作 ……176
2. 新教育家校共写 ……182
3. 新教育师生共写 ……194
4. 新教育教师共写 ……202
5. 新教育网络写作 ……216

## 二、新教育写作的评价方式 ·················· 227
### （一）新教育写作评价的意义和价值 ·········· 229
### （二）新教育写作评价的原则 ·············· 230
### （三）新教育写作评价的方法 ·············· 231
#### 1. 真实性写作评价 ···················· 232
#### 2. 三维解析的写作评价 ················ 235
### （四）新教育写作评价的案例 ·············· 237
#### 1. 个体写作评价案例 ·················· 238
#### 2. 群体写作评价报告应用 ·············· 242

## 结语：旺苍宣言 ·························· 248

## 参考文献 ······························ 251
## 主 题 词 ······························ 260
## 后　　记 ······························ 266

# 第一章　写作与新教育写作

当今社会，随着现代信息技术与社交媒体的迅速发展，写作成为越来越大众化的一种生活方式，成为缔造更加美好生活的一种现实需要。纵观古今，没有哪一个时代能像今天这样令人类如此需要写作、依赖写作，人类社会已经进入"人人都是写作者"的"全民写作时代"。[①] 写作已经不再是部分人的职业和专长，而逐步成为每个公民适应社会变化和终身发展的核心素养。在今天，每天都有数亿中国人在微信等即时通讯软件上敲击文字，在媒体上发出自己的声音，讲述个人、家庭、职场、社会、国家乃至人类的故事。写作呈现出了前所未有的私人化、平民化、普遍化、即时化、自主化、交互化等特点。

互联网写作消解了文本传播的时空障碍，打破了传统写作中读者和作者各自的身份壁垒，消除了读者和作者之间的身份

---

① 欧本珍. 当代写作学学科述评. 社会科学家，2006（S1）.

界限[1]，呈现出大众化、多元化、个性化、小型化、多媒化、交互化、娱乐化等特色。全民写作时代的到来，让原来垄断话语权的精英写作转变为普及的、草根的、人人都可以参与的大众写作。可以说，当今时代，文盲早已不仅仅是指不识字的人，还包括没有写作能力的人。

不管我们是否承认，写作正在大大改善我们语言表达的话语环境与审美情趣，周遭的日常生活因这种表达而充满诗情画意。我们正在向一个点亮写作之梦的时代高歌猛进，传统平面媒体正与互联网新媒体联手创造一个人类的新神话。写作，正全方位影响人们的日常生活、学习与工作，也深刻地影响着各行各业的发展。

20年前，新教育在第一所实验学校启动了"师生共写随笔"和"培养卓越口才"等项目，正式开始了新教育写作的理论研究和实践探索。

20年后，在全民写作、互联网写作的时代洪流中，在国家建设高质量教育体系的背景下，我们重申写作的价值，系统总结新教育写作的理论与实践，有着特别重要的意义。

---

[1] 丁松虎，马武林. 教育传播学视野下的电脑写作概念厘定. 电化教育研究，2009（09）.

## 一、什么是写作

### (一) 写作的概念

"写作"是一个常常被误解的概念。

写作常常被认为是专业人士尤其是作家才能做的事情。这无疑是不全面的,因为它把丰富多元的写作主体做了过于简单化、狭义化的界定。其实,在某种意义上说,每一个人都是写作者。

《义务教育语文课程标准(2011版)》认为,"写作是运用语言文字进行表达和交流的重要方式,是认识世界、认识自我、创造性表述的过程。写作能力是语文素养的综合体现"[①]。从这里可以看出,写作是一种以语言符号为主要载体,富有文采地表情达意、交流思想的行为。写作并不局限于文字或文章书写,也包括口语写作,以及利用其他媒介辅助语言文字表达的行为。

其实,古文字的"写作"最初并没有今天我们熟悉的含义,也没有文字、文章写作的意思。写作的"写"不见甲骨、金文,是一个比较晚出的战国文字,本义为"移置""放置",后来指操笔写字,不过最初也不叫"写",而称作"书",汉代以后才"书

---

① 中华人民共和国教育部. 义务教育语文课程标准(2011年版). 北京: 北京师范大学出版社, 2012.

写"并称。"写"后来演变延伸为摹画、描摹、模仿、倾泻("写"古同"泻")、抒发等含义，才与今天的写作有了一定的意义关联。写作的"作"甲骨文和金文本作"乍"，与今天的写作也没有语源学的关系。"乍"字下从刀，上从卜。《仪礼》有"卜人坐，作龟"①之语，是占卜之人用刀刮削、钻刻龟甲，然后灼烧，视其裂兆进行占卜的意思。"作"后来有了"起立""起始""兴起""制造"等衍生意义，逐渐与写作所表达的"创作"含义发生了联系。因此，"写""作"二字并举，从延伸的意义讲，也并非专指文字、文章的书写，主要是指描摹外物、抒发情感的创造性活动。倒是与书面意义上的"写作"相近的另一个词语"作文"和语言文字表达或文章书写有一定的关系。不过，作文之"文"专指文字、文章，也是后来的事情。它在甲骨文里起初是一个显示纹理纵横交错的象形字，本义为花纹，所以《说文》说："文，错画也。象交文。今字作纹。"②如今与"文"并举的"章"本义也是花纹。有一个成语叫"黼黻文章"，四个字的意思差不多，都表示华美的花纹与色彩。《周礼·考工记·画缋》上说："青与赤谓之文，赤与白谓之章，白与黑谓之黼，黑与青谓之黻，五采备谓之绣。"③后来写作或作文强调文采或辞采之美，就是从"文""章"的初始意义延伸而来。《荀子·非相》说："观人以言，

---

① 杨天宇，译注. 仪礼译注. 上海：上海古籍出版社，2004：374.
② 许慎，撰. 说文解字注. 段玉裁，注. 上海：上海古籍出版社. 1981：425.
③ 杨天宇，译注. 周礼译注. 上海：上海古籍出版社，2004：640.

美于黼黻文章。"① 就是这个意思。总之，写作或作文在古代，就其内涵而言，人们特别在意的，并非它使用的是口语还是文字，抑或其他载体，而是强调如何描摹外物，抒发情感，并且富有文采。这一点，在今天仍然是很重要的。

《义务教育语文课程标准（2011版）》的定义更多是从语文学科教育的角度而言的。语文学科的写作是人们关注得最多的领域。当然，写作不局限于语文学科，越来越多的学科领域都在关注写作，只是不同学科视角关注写作的侧重点有所不同。

从写作学的角度看，"写作的实质，就是客观事物通过作者的主观意识在恰当的文字形式中的正确反映"②，是人类特有的一种高级精神活动和社会实践活动。

从文章学的角度看，写作即"写文章"，"凡是为着一定目的，运用书面语言表达一定思想内容的实践，都可以称为'写作'"。③

从文学的角度看，任何写作活动都是写作者对社会生活、物质世界的认识的再现。写作是以语言文字为记述工具，形象化地反映物质世界和精神世界的艺术，强调的是文辞的变换、个性的抒发。

---

① 杨倞，校注. 荀子. 上海:上海古籍出版社，2010：45.
② 徐振宗，李保初，桂青山，编著. 汉语写作学. 北京:北京师范大学出版社，1995：6.
③ 管金麟. 文章写作原理. 郑州:河南大学出版社，1986：1.

从文化人类学的角度看，写作是对各民族及有关群体的文化发展过程和人类文化行为的记录、描述和分析。写作记载了不同时期、不同地域、不同群体的行为规范、生活方式和文化模式，反映了人类进步、社会变迁与文化发展的过程，揭示了人类文化的本质。

从语言学的角度看，写作是对语言的重组，是以语言文字作为符号来传达意义的过程。写作关注语言的本质、语言的结构、语言的运用、语言的社会功能和语言的发展规律，强调通过积词成句、积句成段、积段成篇的技能训练来提高写作能力。

从心理学的角度看，写作是信息在系统内流动、变换、处理、输入、输出的过程。在写作的过程中，写作者被看作是一个信息加工系统，写作者采用信息加工的观点和方法，学会自我认知、自我了解和自我控制。

从人文教育的角度看，写作把人文精神具象化在文字当中，写作承继了人文精神的终极关怀，展现出历史性的批判气质和教育意义，个人由此实现自我的完善。

写作在日常生活、各行各业越来越普遍。写作大致有两种类型，一种是随意性写作，一种是相对正式的写作。前者大多是为了交流沟通，很多是即兴的，谈不上深思熟虑。后者是人根据特定目的，以语言文字为主要符号，通过一定的谋篇布局，反映客观事物、表达主观感情或观念、传递知识信息、创造新知、传承文化以及与他人交流沟通的高级精神活动和社会实践活动。

　　新教育重视阅读，取得一系列令人瞩目的成绩，早已众所周知。2021年的年会，我们又对新教育阅读做了更加深入的研究并达成新的共识。"一个人的精神发育史就是他的阅读史"，"一个民族的精神境界取决于这个民族的阅读水平"，"一座书香充盈的城市才能成为美丽的精神家园"，"一所没有阅读的学校永远不可能有真正的教育"，"共读、共写、共同生活才能拥有共同的愿景、共同的语言、共同的密码和共同的价值"，"阅读是推进社会公平、加强民族凝聚力、提高国民素质最有效、最直接、最便宜的路径"①，所有这些新教育的阅读理念，更加深入人心了。

　　阅读与写作相辅相成，像重视阅读一样重视写作，天经地义。尤其是在文化大众化、传媒信息化、交往全球化的今天，写作已成为每个人须臾不可或缺的精神生活之必需。

　　当然，写作不同于阅读。阅读是输入，主要是读者与文本的关系；写作是输出，则涉及写作主体（作者）、客体（生活）、受体（读者）、载体（媒介）等之间复杂得多的关系。写作者的个人素养，他对现实生活的积累与感悟，对读者心理的预期与认知，对写作过程的运思与表达，如此等等，都会影响到写作。

---

① 朱永新. 阅读搭建精神的天梯——2021新教育年度主报告（演讲版）. https://mp.weixin.qq.com/s/y1IMzYTW5zAy7_eQ8Xdz6A, 2021-10-24.

因此，相对而言，写作遇到的困惑更多，难度更大。"文章千古事，得失寸心知。"（杜甫《偶题》）美国作家库尔特·冯内古特甚至说："我在写作时，感觉自己就像是个四肢全无、只能用嘴叼着蜡笔画线的人。"不少人对阅读乐此不疲，却对写作望而生畏。但写作与读书又仿佛一对孪生兄弟，如果只有阅读而没有写作，只有输入而没有输出，只有吸收而没有表达，就没有办法检验我们心灵感悟的品质，展示我们精神成长的力量。民谚说得好："好记性不如烂笔头。"明代文学家张溥少时嗜学、"七录七焚"的故事就是对这句话的生动阐释。据《明史·张溥传》记载：张溥读书必抄写，朗诵一过，就将抄写烧掉，从头再来，如此反复，终至才思敏捷，即兴挥毫，立就诗文，成为著述宏富的一代大家。这种抄写实际上是阅读的延续，写作的开端。曾国藩在家训中提出"看、读、写、作四者阙一不可"[①]的要求。现代教育家徐特立先生也说过："不动笔墨不读书。"古人强调读书"三到"，也即"眼到""口到""心到"，但由于读书写作密不可分，应该再加一个"手到"，合为"四到"，就能实现读书与写作、动脑与动笔齐头并进，融为一体，每个人既成长为博览群书、学养厚重、文质彬彬的读书人，又发展为表现自我、讴歌人生、传承文明的写作者。

根据写作的上述定义，结合中国写作传统，此处我提出几

---

① 曾国藩.曾国藩家训译注（上册）.张天杰，译注.上海：上海古籍出版社，2019：26.

个写作至今仍然值得我们思考与借鉴的重要特点：

**其一，写作的价值指向，追求"立言不朽"。**写作在终极追求的意义上讲就是"立言"。我国古人曾精辟地总结出"三不朽"的人生理想，也即"太上有立德，其次有立功，其次有立言"①。（《左传·襄公二十四年》）用今天的话来说，就是做人、做事、做文章，三者水乳交融，不管做什么，都要做出格局，做出品位，做出境界，为自己树立标杆，也为后人树立表率。在先秦时期，人们极为重视"立言"传世的功用。诸子百家时代的所谓"百家争鸣"，实际上就是要通过问政、论辩、游说、著书等多种"立言"策略，来宣示与传播各自的价值主张。在"立言不朽"的写作文化传统中最有价值的当然是曹丕在《典论·论文》中提出的文章为"不朽之盛事"的观念。在曹丕看来，文章可以超越一切时空的限制，而产生永久的魅力："年寿有时而尽，荣乐止乎其身，二者必至之常期，未若文章之无穷。是以古之作者，寄身于翰墨，见意于篇籍，不假良史之辞，不托飞驰之势，而声名自传于后。"②（《典论·论文》）这一立言不朽的思想，一直绵延流转，影响至今。

**其二，写作的源流定位，突出"以读促写"。**古代写作理论不乏强调外物、生活对于写作的源泉地位与作用，例如孔子提出诗的"兴观群怨"说（《论语·阳货》），就突出了诗"观风俗之

---

① 李梦生，译注. 左传译注. 上海：上海古籍出版社，2014：790.
② 曹丕. 魏文帝集全译. 易健贤，注. 贵阳：贵州人民出版社，2008：254.

盛衰""考见得失""怨刺上政"等现实意义①。墨子提出的"三表法"也指出立言要"上本之古者圣王之事""下原察百姓耳目之实"等②。(《墨子·非命上》)刘勰提出文与自然天地并生的"原道"说,指出:"至于林籁结响,调如竽瑟;泉石激韵,和若球锽。故形立则章成矣,声发则文生矣。夫以无识之物,郁然有采;有心之器,其无文欤?"③(《文心雕龙·原道》)他还阐发了陆机提出的"感物"说,指出"岁有其物,物有其容;情以物迁,辞以情发"④,"是以诗人感物,联类不穷;流连万象之际,沉吟视听之区。写气图貌,既随物以宛转;属采附声,亦与心而徘徊。"⑤(《文心雕龙·物色》)如此等等。不过,由于传统文化更注重"述而不作""我注六经",强调"宗经""载道",突出"文必秦汉,诗必盛唐",所以,写作也更着力于写作与读书之间的传承、诠释与还原关系。"以读促写""读写结合",成为中国写作的一个重要传统。诸如"不学诗,无以言""读书破万卷,下笔如有神""熟读唐诗三百首,不会吟诗也会吟"等揭示个体成功读写经验的警策之言一直被奉为写作的金科玉律。古代不少关于读书作文的著作如元代程端礼《程氏家塾读书分年日程》、清代唐

---

① 程树德,撰. 论语集释. 程俊英,蒋见元,点校. 北京:中华书局,2017:1561.
② 吴毓江,撰. 墨子校注. 孙启治,点校. 北京:中华书局,1993:400-401.
③ 刘勰. 文心雕龙译注. 王运熙,等译注. 上海:上海古籍出版社,2012:2.
④ 刘勰. 文心雕龙译注. 王运熙,等译注. 上海:上海古籍出版社,2012:309.
⑤ 刘勰. 文心雕龙译注. 王运熙,等译注. 上海:上海古籍出版社,2012:309-310.

彪《读书作文谱》、清代崔学古《学海津梁》等都十分重视读写结合。到了近现代,"读写结合"更被视为提高写作水平的不二法门。尽管对这一观点也一直存有争议,尤其是针对八股考试无限依赖经籍写作的偏向,遭到尖锐的批评。但总体而言,中国古代的"以读促写""读写结合"的传统还是给我们留下宝贵的财富。

其三,写作的目的诉求,强调"人文合一"。所谓"人文合一",是指"人"的自我觉醒与"文"的形式追求的有机统一。它有这样几层含义:一是"修辞立诚"。写作是以语言为主要载体反映和表现生活的活动,从这个意义讲,写作就是修辞。中外写作都有源远流长的修辞学传统。《易经·乾卦·文言》说:"君子进德修业。忠信,所以进德也;修辞立其诚,所以居业也。"[1]大意是君子忠于使命,言而有信,可以增进美德,修行功业。在这里,修辞为功德的修为服务,就涉及修辞的人文伦理问题,实际上与上面的"立言不朽"有关,因为立言与立功、立德密切相关。叶圣陶提出被誉为"在国语教育史上划了一个时代"的"立诚"作文观,就源于这一古老的修辞学传统。二是"情动辞发"。古代文论信奉情感为本的写作观念,认为写作的根本动因在于情感的驱动,所谓"情动于中而形于言"[2]。(《毛诗序》)刘

---

[1] 黄寿祺.周易译注.张善文,译注.上海:上海古籍出版社,2004:12.
[2] 《十三经注疏》整理委员会整理.十三经注疏(毛诗正义).北京:北京大学出版社,1999:6.

勰说:"夫缀文者情动而辞发,观文者披文以入情,沿波讨源,虽幽必显。"①(《文心雕龙·知音》)在谈到情与文的关系时,刘勰更加明确地指出:"文采所以饰言,而辩丽本于情性。故情者,文之经;辞者,理之纬。经正而后纬成,理定而后辞畅:此立文之本源也。"②(《文心雕龙·情采》)他既反对"为情而造文",也反对"为文而造情",而是强调"文附质"与"质待文"的情采相依,文质彬彬。三是"文以载道"。宋代学者周敦颐说:"文所以载道也。"③(《通书·文辞》)意即文章写作要言之有物,以文济世,通过一定的语言形式表达思想道理,文与道如车与车上所载货物,二者不可偏废。曾国藩说:"周濂溪氏称文以载道,而以虚车讥俗儒。夫虚车诚不可,无车又可以行远乎?"④(《致刘孟容书》)就是这个意思。四是"文如其人"。包括文品与人品的一致,以及文品与气质的一致。如陆游说的:"人之邪正,至观其文则尽矣、决矣,不可复隐矣。"⑤(《上辛给事书》)指的就是文品与人品的一致。又如宋濂说的:"凝重之人,其诗典以则;俊逸之人,其诗藻而丽;躁易之人,其诗浮以靡;苛刻之人,其诗峭厉而不平;严庄温雅之人,其诗自然从容,而超乎事物之表。

---

① 刘勰. 文心雕龙译注. 王运熙,等译注. 上海:上海古籍出版社,2012:330.
② 刘勰. 文心雕龙译注. 王运熙,等译注. 上海:上海古籍出版社,2012:212.
③ 周敦颐. 周子通书. 上海:上海古籍出版社,2000:39.
④ 曾国藩. 曾国藩全集(书札下). 石家庄:河北人民出版社,2016:230.
⑤ 陆游. 陆游全集校注(第九册). 钱仲联,马亚中,主编. 杭州:浙江教育出版社,2011:335.

如斯者，盖不能尽数之也。"①（《林伯恭诗集序》）讲的就是文品与气质的一致。

其四，写作的运思过程，重视"以气为主"。写作是一个过程，这个过程是怎样的，如怎样感物起兴，怎样谋篇布局，怎样锤字炼句，古人有许多说法，其中最有代表性也最有影响力的是曹丕的"文气"论，他说："文以气为主，气之清浊有体，不可力强而致。"②（《典论·论文》）文气有很丰富深刻的内容，不单纯指作家的气质、才气或作品的气势，它本质上强调的是反对写作运思过程中过分的刀刻斧凿，推敲斟酌，倡导在"养气"的前提下气定神闲，畅通思路，从容命笔，进退自如。正如刘勰在《文心雕龙·养气》中所说的那样："是以吐纳文艺，务在节宣，清和其心，调畅其气；烦而即舍，勿使壅滞。意得则舒怀以命笔，理伏则投笔以卷怀。逍遥以针劳，谈笑以药倦，常弄闲于才锋，贾余于文勇。"③古代道家十分重视"养气"，"气"是一种浑然天成的生命状态，把握"气"的方法就是庄子所说的"心斋"，这是一种凝神聚气、摒弃杂念、物我两忘、心境纯一的状态："气也者，虚而待物者也。唯道集虚。虚者，心斋也。"④（《庄子·人间世》）写作"以气为主"，就是在悉心构思与豁然直觉之

---

① 宋濂. 宋濂全集（翰苑别集卷三）. 杭州：浙江古籍出版社，2014：1174.
② 曹丕. 魏文帝集全译. 易健贤，注. 贵阳：贵州人民出版社，2009：252.
③ 刘勰. 文心雕龙译注. 王运熙，等译注. 上海：上海古籍出版社，2012：280.
④ 陈鼓应，注译. 庄子今注今译（上册）. 北京：商务印书馆，2016：139.

间会心会意，追求浑然天成的妙境。这对我们今天思考写作过程到底是构思的，还是非构思的，抑或整体联动的，是有深刻启示的，这一点，后面还要谈到。

其五，写作的表现策略，主张"辞达而已"。孔子有一句千古名言："辞达而已矣。"①（《论语·卫灵公》）清朝学者潘德舆在《养一斋诗话》中称："'辞达而已矣'，千古文章之大法也。"这一点，至今也不过时。不过，"辞达"究竟是何意，说法很多。朱熹在《论语集注》中提出的影响深远的"达意"说，也即所谓"辞，取达意而止"，未必是确解。有专家曾整理了历代注疏家、文学家、语言学家等对"辞达"的理解，归纳为八种观点：(1)辞达即只需达意，无烦华藻；(2)辞达要繁简适中，事辞相称；(3)辞达要能够达理；(4)辞达要在情真意切，可歌可咏；(5)辞达要根据写作需要而定修辞手法；(6)辞达要工于文而又不溺于文；(7)辞达要对物象能了然于口与手；(8)辞达要行文中有磅礴的气势。②这些理解从不同的侧面揭示了"辞达"的丰富含义，其中不乏创造性的解读，值得我们细细咀嚼和思考，并提炼出对今天仍有价值的精华，不过，对于"辞达而已"，我觉得仍然有很大的解释空间，后面阐述新教育写作的基本理念时还会提及。

---

① 程树德，撰. 论语集释. 北京：中华书局，2017：1452.
② 蔡育曙. 历代学人论"辞达". 黄冈师专学报，1990（04）.

## （二）写作的历史

写作与阅读一样，也与人类的历史文化进程同步。如果说人类的精神发展史就是人类的阅读史，同样可以说，人类的精神发展史也是人类的写作史。

写作的发展伴随着人类文明的发展，其间先后经历了从口头写作、书面写作、互联网写作再到 AI 写作的不同阶段。

### 1. 口头写作

回望人类历史，写作最早可追溯到人类社会未有文字之前。在文字书写符号出现以前，就已经产生了口语化的"写作"。人类早期的英雄史诗、民间故事等就是通过这样的"口语创作"和"口承文化"而记录、保存和流传下来的。

儿童最初表达诉求和喜怒的天籁之声、劳动者伴随劳动时发出的情绪宣泄，都可以从广义上称之为写作。可以说，写作的起源和人类的起源一样，有了人类，就有了写作。鲁迅先生称之为"杭育杭育派"，他说："假如那时大家抬木头，都觉得吃力了，却想不到发表，其中有一个叫道'杭育杭育'，那么，这就是创作；大家也要佩服，应用的，这就等于出版；倘若用什么记号留存了下来，这就是文学；他当然就是作家，也是文学家，是'杭育杭育派'。"①

---

① 鲁迅. 鲁迅全集（第六卷）. 北京：人民文学出版社，2005：96.

从西方写作历史背景来看，在古代希腊的交流文化中，口头交谈的重要意义远远超过书写著作。书写和口传在柏拉图的著作中尽显其张力。① 柏拉图以对话录的形式书写下来的著作具有独特的价值，它不仅促成了柏拉图哲学更为广泛的传播，更在相当的程度上模仿着真实的口头交流。《荷马史诗》以扬抑格六音部写成，集古希腊口述文学之大成，它是古希腊最伟大的作品，也是西方文学中最伟大的作品。

这种口头创作的传统并没有因为后来的书面写作占据主流而消失，而是与文字写作并驾齐驱，相互影响，经历了同样波澜壮阔的发展历程，至今仍然在影响我们的写作与生活。新教育的"卓越口才行动"就是在这个领域独树一帜的探索，我们在2023年7月的新教育实验年会上专门与大家进行了深入的研讨。

### 2. 书面写作

写作也与阅读一样，与人类的传播史相伴随。在经历了美国传播学家 A. 哈特所说的以"示现的媒介系统"，也即以口语表达和交流为主要媒介的时代之后，人类进入了以"再现的媒介系统"，也即文字书写、印刷文本为主导媒介的信息传播时代，文字写作与传播对人们的精神生活产生了极为深远的影响，也留下十分丰富的写作文化遗产。人类历史上那些伟大的经典正是通过写作而流传至今。

---

① 先刚. 书写与口传的张力 —— 柏拉图哲学的独特表达方式. 学术月刊, 2010, 42 (07).

约公元前14世纪的殷商后期，中国出现最早的定型文字——甲骨文。公元前3200年，底格里斯河和幼发拉底河流域出现古苏美尔文字。自从有了文字，人类开始了真正的书面写作活动。文字的发明及应用于文献记录（即写作），引导人类由"野蛮时代"迈入了"文明时代"。从口语到书面语，写作渐渐复杂起来。五千多年来，人类正是通过写作积淀经验、创造知识，促进文化的进步、推动文明的进程。

在我国，先秦时期，诗、文的写作已较为发达，《春秋》《左传》等史传散文和《孟子》《庄子》等诸子散文将写作推向了高峰。"经世致用"是当时写作的主要目的，"诗言志"是写作的本质，强调"心合于道，说合于心，辞合于说"①，开"立诚""求真""文以载道"等写作观之先河。两汉魏晋南北朝时期，曹丕的《典论·论文》、陆机的《文赋》、刘勰的《文心雕龙》把我国的写作研究推向又一个高峰。写作的目的向"修身以求进"转变，写作成为立身扬名、功垂万事的手段。隋唐时期，随着科举的兴起，写作成为科举考试主要手段，"求功名"成为写作的主要目的，写作得以在官学中得到全面重视。明清时期，经科举的强化，能写出规范的"八股文"是写作的基本要求和主要目的，"代圣贤立言"是写作的出发点。"五四运动"之后，禁八股、废科举、兴新学。写作的目的发生划时代的转变，写作从千百年

---

① 杨倞，校注. 荀子. 上海：上海古籍出版社，2010：266.

来的"求功名"向日常语言文字的应用和实用转变，白话文写作开始替代文言文写作。这标志着古典写作日益衰微，现代写作真正开启。

在以文字书写、印刷文本为主导媒介传播信息的"再现媒介系统"时代，写作与读书一样，毕竟是少数人的专利，而且以"学以成圣""学而优则仕"为目标，多少具有精英主义的性质。"万般皆下品，惟有读书高"，文言写作代表的官方文化在古代是一种整体垄断的稀缺资源，对大部分平民而言是另一个世界。甚至一直到民国时期，我国的文盲率仍然在90%以上；在新中国成立初期，国家仍有两亿文盲。写作的权利首先要确保识字的权利，当识字的权利都无法保障时，写作几乎只属于极少部分人。随着经济的发展、社会的进步、教育的普及，文字的掌握和使用才渐渐成为越来越多的人，直至每个人的基本权利。

### 3. 互联网写作

进入信息化社会后，人类通过电信、电话、唱片、电影、广播、电视、电脑、手机等机器来传递信息。由于网络时代追求极速传播和大众接受，口语成为新媒体写作最频繁的语言，我们仿佛又在更高的阶梯上回到口语化写作的时代，随之而来的是写作理念、模式和面貌翻天覆地的变化。互联网时代的阅读和写作能力越来越引起专家学者的关注。

在2021年的新教育阅读年会上，我曾引用全美英语教师协会（National Council of Teachers of English，NCTE）和

国际阅读协会（International Reading Association，IRA）2013年发出的倡议书告诉大家：倡议提出"要想全面参与和融入21世纪全球化社会，孩子需要更复杂的读写技巧和能力"。专家们认为，在21世纪，成为一个有读写能力的人，需要掌握多种读写技能，要能够理解通过多种形式呈现的信息，能够创造、批判和分析通过多种媒介呈现的文本。学生需要理解视频、数据库或者计算机网络中的信息，以便更好了解世界其他地区、其他语言和文化。这是经济全球化提出的新的挑战。他们把这种技能称为"21世纪读写技能"。[1] 这既是对阅读的忠告，也是对写作的召唤。

从20世纪60年代开始，互联网开始普及，随着网络社交媒体的迅速发展，人类进入"泛写作时代"，写作逐渐"去精英化"。今天，以移动互联网为代表的信息技术迅猛发展，互联网写作成为主要潮流。人们利用手机和电脑记录所见、所闻、所思、所感，随时随地与世界各地的人交流对话，写作正在逐渐成为一种大众化的工作方式、学习方式和生活方式，成为编织生命意义、提升生活境界、建设美好生活、推动人类文明进程的现实需要。

我国网络写作已有20多年的发展历史，它以强烈的大众化、

---

[1] 朱永新. 阅读搭建精神的天梯——2021新教育年度主报告（演讲版）. https://mp.weixin.qq.com/s/y1IMzYTW5zAy7_eQ8Xdz6A, 2021-10-24.

多元化、个性化、小型化、散文化、连续化、多媒化、交互化、娱乐化等写作特色，利用网站论坛、版块、博客、博客圈，到微博、微信等新载体，讲述从个人、家庭、职场、社会、国家乃至人类的故事，涌现出包括安妮宝贝、慕容雪村、尚爱兰、菊开那夜、塞壬、阿舍、李娟、马伯庸、十年砍柴、苏枕书、欧阳杏蓬、燕山飘雪、郭敏、纳兰妙殊等在内的一大批优秀网络作家，与主流文化、精英写作相映成趣，相互补充，堪称我国大众文化的一大奇观，对此，我们应当积极面对，积极回应，积极创造。

网络写作生态激发了"Z世代"的崛起。"Z世代"也称"网生代""互联网世代""二次元世代""数媒土著"，是指继所谓"X世代"（1965—1979年间出生）、"Y世代"（1980—1994年间出生）之后1995—2009年间出生的一代人。如果说Y世代是伴随着游戏机、电脑、互联网成长起来的，那么，Z世代则是伴随移动互联网、手游、动漫等成长的。其实，"Y世代"与"Z世代"有很多共同之处，都是与网络时代无缝对接的，最初，"Z世代"就是指更早出生的80后青年。[①] 我们这里也在宽泛的意义上使用这个概念，它还可以涵盖00后作者群体。很多研究者认为，"Z世代"的年轻人个性鲜明、视野开阔、理性务实、独立包容，其生活方式、消费（包括阅读）取向也有独特的特质、模态和品位。"Z世代"的独特之处还在于，他们是写作和阅读的双

---

① 最新人群——"Z世代"的生存状态. 中国青年研究，1999（03）.

重主体，写作与阅读在这一代的作家和读者群体中的占比都很高。中国社会科学院发布的《2021中国网络文学发展研究报告》显示，"Z世代"95后是网络文学阅读的绝对主体，截至2021年的12月底，我国网络文学的用户总规模达到5.02亿，以某阅读APP年度新增用户量来看，"95后"占比超过60%。我国网络作家数量达到惊人的1750万人。"这个数字说明网络文学唤醒了大众的阅读梦和写作梦"，其中"80后"和"90后"同样是绝对的主体，尤其是95后作家年龄段均衡覆盖，已经成为一支推动网络写作与阅读高品质发展、影响更加深远的生力军！① 在多媒体写作时代，每个人都可以借助这个智能化平台，利用它的传播特点，采用多样化的表达手法，书写精彩人生。

进入互联网时代，许多人，包括儿童成为新型的数字原住民，网络写作与网络阅读同时给予人们巨大的吸引力。正如罗兰·巴特所说的那样，文本是开放的，阅读者可以加入文本的创造。所以在纸质阅读过程中也会发生人与文本之间的对话与互动，读者也会在某种程度上参与到文本的创作与最终的完成，从而打破了我们所认为的阅读与写作之间的森严壁垒。网络传播更加突出的开放性、交互性、快捷性、高效性和当下性使阅读与写作的边界更加模糊，阅读者可以以更加积极的身份参与

---

① 中国社科院文学所网络文学发展研究报告课题组. 2021中国网络文学发展研究报告. https://mp.weixin.qq.com/s/n8qenC3fqCeCHO8tv8AaNA，2022-04-07.

到文本创作中去，在这一过程中阅读者与写作者之间的角色转换可以随时发生，这会最大限度地刺激阅读者参与写作乃至自主写作的强烈冲动，最终直接参与作品的创作，改变原作者的主题、情节、结构、语言等，成为网络世界众多文本互联为一个更大文本中的创造成员，被写的作品处于动态的无限开放状态，阅读者也呈现出千姿百态的多样性和丰富性。

尽管网络读写不会取消纸质读写，但它毕竟在极大地改变我们的读写方式和习惯，并造就全新的读写能力。网络写作以数字技术为支撑，经过机读处理可将数字符号转化为可识别的文字、图像、声音、动态视频等，并将人机界面从键盘屏幕体制发展到超文本的视窗体制，网络作品也从单一的线性文本结构扩充为多维的立体文本结构，与多媒体的感官通道相连接，产生前所未有的视听冲击力。一旦写作者熟练掌握了多媒体手段的运用，将极大地提升网络作品的拟真效果，达到纸质写作无法企及的"真实的想象"和"想象的真实"，不仅成为纸质写作的强有力补充，而且与之并驾齐驱甚至后来居上的一种写作新世界！

### 4.AI 写作

在人工智能化的今天，AI 写作是继网络写作对传统写作发起的又一波新的冲击，也是更加严峻的挑战。随着人工智能的发展，与以往写作形式完全不同的 AI 写作横空出世，这种"以人工智能程序为写作主体，模仿人类写作的行为和机制，自动或者半自动地生成文学作品"①的写作方式，完全颠覆了我们对写作的理解，开启了一个神奇而富有魅力的写作新纪元。

随着技术进步，人工智能已从运算人工智能、感知人工智能逐渐过渡到认知人工智能阶段，与此同时，计算机自然语言处理技术也与日俱进，从而为 AI 写作奠定了技术基础。AI 写作已经形成一种新的景观。随着众多 AI 写作软件上线，越来越多的具有强烈写作欲望的潜在作者得以在人工智能的辅助下实现写作梦想，人类正在进入一个全民写作的新时代。

起初是 AI 新闻写作闪亮登场。如 2009 年，美国西北大学智能信息实验室研发的 StatsMonkey 系统就撰写了一篇关于美国职业棒球大联盟季后赛的新闻稿件。从 2015 年开始，AI 新闻写作开始爆发性增长，如《纽约时报》利用 Blossomblot 系统筛选文章向社交网站等平台推送，《华盛顿邮报》使用 Heliograf 程序核实新闻的准确性，《洛杉矶时报》智能系统专注处理地震等突发新闻，路透社用 Open Calais 智能解决方案协助编辑审稿，谷歌投资了英国新闻机构报业协会的一个项目，以支持开发自动化新闻编写软件，韩国《金融新闻》编辑部使用写稿机器人，只需 0.3 秒就能完成一篇关于股市行情的新闻报道，如此等等。我国的腾讯财经频道 2015 年 9 月推出自动化新闻写稿机

---

① 人工智能推动文学新发展. 中国社会科学报（第四版：文学）. 2019-06-17（https://epaper.csstoday.net/epaper/read.do?m=i&iid=5568&eid=37224&idate=12_2019-06-17）.

器人 Dreamwriter 投入新闻写作，开国内 AI 新闻写作的先河。尔后新华社推出 AI 写作项目"快笔小新"，阿里巴巴联合第一财经推出"DT 稿王"，今日头条推出"xiaomingbot"，南方报业推出"小南"，人民日报推出"小融"，等等。AI 新闻写作利用大数据和人工智能技术规模化、高效化处理巨量信息，充分表现了多、准、快、全的巨大优势，资讯产量极其惊人，引发了全球网民的热烈关注与青睐。①

不仅是新闻写作，科技著作的 AI 写作也初露锋芒。2019年4月，致力于为全球科研界提供最佳服务的出版机构"施普林格·自然"（Springer Nature）集团迎来了 AI 应用上的一个重要里程碑。它携手麦克米兰出版有限公司的下属部门"数字科学"（Digital Science），以及德国法兰克福大学合作开发了一种算法，并用这种算法自动编写了一本有关锂离子电池最新研究进展的图书《锂离子电池：机器生成的目前研究摘要》（Lithum-Ion Batteries：A Machine-Generated Summary of Current Research），对大量现有研究论文进行跨语料自动摘要。这是第一本"没有人类作者"，而由计算机生成的图书。它在内容上与传统图书没有什么不同，一样有序言、目录和参考书目等，但它100% 由计算机自动生成，没有改动哪怕一个标点符号。这本书赢得媒体的大量正面报道和肯定，当时有报

---

① 耿磊. 机器人写稿的现状与前景. http：//media.people.com.cn/n1/2018/0121/c40628-29776826.html，2018-01-21.

道称之为"本周地球上最酷的事情之一"。①2020年7月中旬，Open AI公司发布了最新的GPT-3人工智能系统，它能根据描述自动写代码、自动生成新闻，还可以写诗、写曲子，甚至还可以自动生成图像。2021年，人工智能系统GPT-3在接受指令后，为《人类简史》出版10周年写一篇新序，它收集了《人类简史》作者尤瓦尔·诺亚·赫拉利写过的书和文章、做过的访谈，以及在网上找到的几十亿个句子，使用这些原材料生产出了一篇新序。②这篇新的序言让作者都感到惊愕、警觉。

AI写作还不局限于新闻科技这类实用性、实证性作品的创作。随着人工智能技术的不断进步，它的拟人化、情感化学习技能也在不断增强，抒发人的微妙至深的情感的文学AI写作也令人难以置信地纷纷试镜。早在2008年，俄罗斯就出版了有史以来第一部AI文学创作的长篇小说《真爱》。主人公借自《安娜·卡列尼娜》里面的安娜、沃伦斯基、列文、吉蒂，情节来自17本经典小说中抽取的情节库，行文风格则模仿村上春树。据说PC Writer 2008这位特殊的"作家"只花了三天就写完了这部320页的小说。AI诗歌写作也是如此。微软的"小冰"、清华的"九歌"所"创作"的诗歌几乎以假乱真，被认为是真人所写。

---

① 施普林格·自然集团. AI将如何改变写书与读书的方式？. https://mp.weixin.qq.com/s/SugzC1MBVwFYSSwCfDTMCA, 2022-05-18.

② 尤瓦尔·赫拉利. 人类简史：从动物到上帝. 林俊宏，译. 北京：中信出版社，2022.

"小冰"还出版了"世界上第一本人工智能创作的诗集"——《阳光失去了玻璃窗》。这个被誉为"具有少女情怀的诗人",仅用100小时,学习了1920年以来中国519位诗人的几万首现代诗,并创作了70928首诗,比《全唐诗》收录的2529位唐代诗人的42863首诗作还多两万多首!

2017年,国务院印发《新一代人工智能发展规划》,提出了面向2030年我国新一代人工智能发展的指导思想、战略目标、重点任务和保障措施,对经济社会各个领域的智能化发展提出要求。《规划》明确支持人工智能的普及与推广,实施全民智能教育项目,全面提高全社会对人工智能的整体认知和应用水平。这对人工智能写作无疑也有积极而深远的战略指导意义。

人工智能写作尚在初级阶段,良莠不齐,所以对其众说纷纭,歧见丛生,但它的发展势不可挡,能量也远远超过人们的想象。我们认为,应当走出将人工智能写作与人的写作人为对立的怪圈,从人机协同的立场看待 AI 写作。这是正确认识人工智能写作的价值与意义,并做出正确的战略抉择必须恪守的一个基本立场。

首先,AI 写作既属"人工",又在"人化"。人工智能写作出自写作机器人,无疑具有机器的性质。既然是机器,自然就有"可控"的可能乃至必要,这属于人工智能的伦理和技术问题,始终值得我们关注,以免除我们对人工智能可能因为技术的日益强大而抛弃人的担忧。当然,人的行为本身也始终存在"可控"问题，这与机器在本质上并无二致。更重要的是，人工智能的生产基于人的学习原理，虚拟写作者（比如"小冰"）写作的对象、过程、作品等，与人的写作学习过程从认知到情感、从陌生到成熟、从谬误到正确、从逻辑到情感、从经验到思想、从知识到文化、从个体到社会等并无两样。可以说，人工智能写作的学习过程是人的写作过程的一个极速化"缩影"。随着我们对人的学习原理的深度认识不断提高，机器本身也会得到不断改造，进而更具"属人"的本质，或实现它的"人化"。在这个过程中，机器人和真人之间不是敌人，而是崭新的伙伴，不是对抗，而是相互映照和借镜。不仅人的写作可以成为人工智能写作的镜子，人工智能写作也可以成为人的写作的镜子，双向映射出彼此的优势与劣势、长处与局限，进而促进人机并存共生，相互协作，取长补短，在日益强大的技术支持下共同实现写作的进步。因此，把 AI 写作归为非人类或异人类的操作并不合理。况且，人虽然不能完全归结为哲学家梅特里在《人是机器》中所说的"机器"，但他的机体组织和行为又具有一定的机器性质，不过是宇宙间最精细、最巧妙和最有活力的"机器"罢了①。既然如此，"人工"写作与"人化"写作就可以实现相互转化。

其次，AI 写作既系"模仿"，又有"创造"。AI 输出的文字，是以计算机语言实现对人的自然语言的模拟，写作机器人在学

---

① 拉·梅特里. 人是机器. 顾寿观，译. 北京：商务印书馆，2017：17.

习过程中，始终是"模仿"或"复制"人的写作学习过程的，这种模仿以大数据为基础，通过复杂而快速的运算产生情感反应、思想推演、技艺习得。但由此得出AI写作纯粹是模仿而没有创造的结论，并不符合事实。其实，人的写作也模仿前人或他人的优秀作品，但在大量模仿积累的基础上必然会产生质的变化，爆发惊人的创造力，AI写作也是如此。施普林格·自然全球图书业务总裁暨大中华区总裁汤恩平（Niels Peter Thomas）在回应人工智能作品《锂离子电池：机器生成的目前研究摘要》一书究竟是模仿还是创造的问题时认为："答案是既是，也不是。算法并不产生新的成果，但它不偏不倚地总结了差不多所有已知的事实，由此带来一个新的视角。研究人员告诉我们说，这个视角是新的和有意义的，我们不会有这样的视角。算法所生成的这个目录完全不同于以往人类作者带来的目录，我们认为这是呈现研究的一个有意义的方式。"[①] 我们相信，随着技术的进步，AI写作在不远的将来会在各个领域表现出更加非凡的创造性，不仅给我们带来惊喜，而且也给我们自身的写作带来启迪。

再次，AI写作既是手段，也是目的。AI写作首先是一种工具和手段，一种对人的写作的某些环节能够起到完美替代作用的高级工具，之所以如此，是因为我们可以充分利用它实现某些写作的高速化、高效化、高产化。比如新闻写作，机器人可以

---

[①] 施普林格·自然集团. AI将如何改变写书与读书的方式？. https://mp.weixin.qq.com/s/SugzC1MBVwFYSSwCfDTMCA, 2022-05-18.

瞬间完成海量阅读、分析，并根据互联网活跃点击量数据，及时筛选出新闻热点，然后通过后台算法快速合成新闻作品。在这方面，机器人具有绝对的优势。随着机器拟人化、情感化的技能不断增强，它在抒情等方面的某些表现也有可能超越甚至代替真人写作。但即使如此，AI写作还是完全不能取代人的写作的。因为人的世界的复杂性，尤其是人脑或人的精神的复杂性与潜在力量还远远没有被我们自己认识到，机器人更不可能做到。写作，不管是实用性、科技性还是文学性的写作，都是一项极具个性化和创造性的自由活动，人类在这些领域还具有无限广袤的创造空间。AI写作以其令人难以置信的高效快捷为我们的写作及写作指导、评价等，提供了种种技术支持和巨大便利，加速了写作进程，提高了写作效率，同时也在很大程度上驱使我们反思自身写作存在的大量问题，重新审视我们不可估量的写作潜能，"倒逼"我们极大地改善写作。AI写作在很多领域替代了我们，同时也解放了我们，它让我们得以腾出更多的时间和精力专注于更细微、更复杂、更多样、更卓异的创造领域，全面绽放和伸展我们伟大的生命力量，创造出真正无愧于我们高贵、神圣、自由人性的作品。到了这个时候，人工智能作为手段，也就不再只是手段，作为工具，也就不再只是工具，而是同时也成为人的自我实现的目的本身。

过去，我们几乎从来没有在写作层面想过人工智能的运用，它听起来像是科幻电影题材。然而今天，AI写作已经向我们展示，人工智能甚至能比我们更加了解我们自己。当然，写作的精髓在于独特的精神创造，而且每一个写作者永远是唯一的，在人工智能写作的时代，我们尤其应该记住这一点。技术的目的从来不是先天确定的，我们仍有能力去决定人工智能的发展和用途。我们在感慨AI写作之神奇的同时，也需要明确，只有人类能够使用人工智能创造一个新世界。AI写作是用来造天堂还是建地狱，全看我们如何选择。

## 二、什么是新教育写作

全民阅读已经成为全球的广泛共识和实际行动，也成为我国建设文化强国的有机组成部分。二十多年来，新教育阅读在推动全民阅读方面一直不遗余力，贡献了一批影响很大的成果。我作为国家阅读形象大使，也在倡导建立国家阅读节、建立全民阅读基金、推进整个国家阅读工程等方面，努力为我国全民阅读的伟大事业鼓与呼。

我们进一步认识到，全民阅读应当，也必然与全民写作结伴而行。网络时代的来临和网络技术的日新月异，揭开了人类传播文化的新纪元，传统平面媒体正与新媒体联手制造一个人类的新神话。我们满怀信心地看到，一个"人人都是写作者，人人都可能成为优秀写作者"的全民写作时代正在风姿绰约地向我们走来。它使原来垄断话语权的精英写作转变为人人都能借助互联网平台率性表达自我的大众写作,即使是精英写作,也常常以大众写作的姿态加入这个行列。网络的实时更新和交互性,充分调动了创作者和阅读者的热情与积极性,形成"全民写作"和"全民阅读"相互依存、共生共荣的现象。全民写作正在改变写作的概念,改变我们的生活方式,任何人都不能错过这个时代赋予自己的表达机会!

### (一)新教育写作的溯源

著名的苏联教育家苏霍姆林斯基在《给教师的建议》中写道:"凡是引起你的注意的,甚至引起你一些模糊的猜想的每一个事实,你都把它记入记事簿里。积累事实,善于从具体事物中看出共性的东西——这是一种智力基础,有了这个基础,就必然会有那么一个时刻,你会顿然醒悟,那长久躲闪着你的真理和实质,会突然在你面前打开。"[①] 他建议每位教师都应该以教育日记的形式开展教育写作。

关于教育写作这一概念,最早可以追溯至20世纪70年代,当时西方教育研究领域兴起了鼓励教师进行教育叙事研究的热潮。在教育叙事研究中,教师可以将叙事和研究等同为一体,将教育教学研究视为教师叙事写作的目的,将叙事写作用为教育教学研究的手段。通过教育写作的方式,教师可以在理性主

---

① B.A.苏霍姆林斯基.给教师的建议.周蕖,王义高,刘启娴,董友,张德广,译.武汉:长江文艺出版社,2018.

义所推崇的科学研究中代入教育本身所具有的主观情感、切身体验和模糊感受，赋予教育研究以生命。

但是，由于早期的教师生命叙事带有浓厚的研究色彩，教师往往难以兼顾好以形成学术成果为目标的研究者和以真实记录生活为目标的观察者这两种角色。为了解决这一矛盾，美国学者派纳和他的学生格鲁米特在20世纪70年代创建了教师自传研究方法，鼓励教师记录个人教育生活成长历程，以教师自我作为研究对象，从而能够深化教师个人生活与专业生活的教育价值。到1992年时，美国教师教育者协会提出了"拿起镜子：教师教育者反思自身教学"的号召，要求教师应基于自身教学实践进行写作。教师通过"自传"的方式来叙述自己的教育生活和教育故事，以自身的生命体验来观察、理解、反思教育实践，对教师的专业发展具有重要的影响和意义。[1]

随着教育写作不断发展，国外已经形成了许多相关的实践模式。比如教师写作小组是美国促进教师专业发展、提高教师写作和学习能力的重要组织形式，符合当下重视教师的主体地位、注重教师间分享和合作的教师发展观。1974年詹姆斯·格雷（James Gray）和他同事在伯克利加利福尼亚大学教育研究院建立了以大学为依托的服务于教师的海湾地区写作项目（BAWP）。通过和海湾地区学校合作，BAWP为有兴趣提高写

---

[1] 谌启标. 比较教育与管理. 福州：福建教育出版社，2016.

作教学和将写作作为学科发展有效工具的教师和学校提供了一系列职业发展服务。后来，随着写作项目的迅速发展，1991年，美国国家写作项目（National Writing Project, NWP）成为联邦教育项目，迅速覆盖全美。目前，由美国教育部提供主要资金，地方、州和私有资金共同资助的 NWP 已经有200多个网点，包括哥伦比亚地区，波多黎各和美国 Virgin 岛，目前还拓展了两个国际网点。① 教师写作小组作为国家写作项目的实施载体，其运行包括组建教师写作小组、谈话引导写作、教师写作、分享和反馈、写作反思五个阶段，② 对提高教师的写作能力、培养教师的研究能力、改进教师教学能力、满足教师成就感具有重要意义。③

此外，美国历史最久、最负盛名、最有影响力和权威性的基础教育卓越教师评选奖项——"国家年度教师"，每年都邀请教师同行、学生、家长评选出公认的教育榜样，其评选流程中有一项：每位候选教师必须提交八篇反映个人教育观念、现实教育问题的论文。④ 可见，美国对优秀教师的评选标准也包括了教师的写作能力。

---

① 曾祥娟. 美国 NWP 对我国英语教师职业发展的启示. 海外英语，2010（11）.
② 赵珂，周成海. 教师写作小组：美国教师专业发展的重要组织形式. 当代教师教育，2019（01）.
③ 同①。
④ 董洁，谢超香. 美国"国家年度教师"的优秀特征与制度反思. 教师教育论坛，2019（3）.

目前国内对教育写作尚没有一个完整的界定，或者对于教育写作这一概念的理解依然较为宽泛。但可以确定的是，狭义的教育写作是以教师为主体，是教师对一切有意义的教育现象和教育问题进行反思、提炼经验，从而形成文本的过程。

学者们对教师的教育写作普遍持肯定态度，并在此基础上建议教师动笔写作。从围绕课堂教学的记录，到反映教师一切专业生活的书写，再到针对教师不同的成长阶段来确定不同的写作内容，教师的教育写作正在逐步丰富拓展，并且更具层次性、条理性和操作性。一线教师们也在教育写作的实践中探索出了以阅读为基石、实践为基础、自我发展为第一动力的教育写作路径。

### （二）新教育写作的概念

新教育实验从一开始就非常重视写作，从不同维度、不同层面进行了艰辛而可贵的探索。新教育十大行动的营造书香校园、师生共写随笔、培养卓越口才、建设数码社区等都与写作密切相关，在学生写作、教师写作、师生共写随笔、家校社共读共写、网络写作等方面开展了全方位的大胆探索，突破了单一的学生写作或单纯以教师写作为内容的"教育写作"，开创了写作的全新生态。

什么是新教育写作？我们可以给出这样一个基本界定：新教育写作不单纯是一种写作方式，而是指向以写作为载体的生活方式、成长形态和创造方法。它努力传承写作的优秀文化传统，同时积极回应写作变革的时代召唤和国际走向，立足本土教育实践和自我发展的探索，以"过一种幸福完整的教育生活"的新教育核心主张为价值取向，以学生、教师、父母为三大主体，构建起新教育写作共同体，用语言文字和其他辅助媒介，记录精彩人生，讲述生命故事，抒发美好感情，编织幸福梦想，播撒文明种子，促进新教育共同体所有个体与群体的交流分享，彼此润泽，和谐共生，借此探索一条推动全民写作，乃至人类文明进步的有效途径。

与传统的教育写作不同，立足于中国本土教育的新教育写作主体更加多元。新教育写作不再将目光局限于教师写作，而将范围拓宽至家校，以学生、教师、父母为三大主体，构建起新教育写作共同体，充分发挥每个写作者贯穿写作全程的主体作用，包括他的感受体验、想象思维、谋篇布局、遣词造句，以及积淀于写作者心理结构中的知识储备、人生历练、表达风格、审美取向、精神人格等一切心灵的积极能量，完成精彩的写作、铸就杰出的自我。新教育写作不仅能够加深师生之间的情谊，也在学生与父母之间、学校与家庭之间构筑起沟通的桥梁，有助于实现家校共育的理想目标。

如果说新教育阅读是站在大师的肩膀上前行的话，那么新教育写作就是站在自己的肩膀上攀升。无论是教师、学生还是父母，为了写得精彩，就必须做得精彩、活得精彩，而精彩地写又能反过来促使更加精彩地做。通过坚持不懈的努力，学生、教师、父母慢慢养成习惯，阅读、思考、写作便成为日常生活方式，随之终身受益。让教育中的每一个人都能成为会思考、勤表达、善沟通的人，成为更好的自己，这就是新教育写作对"过一种幸福完整的教育生活"的意义诠释。

### （三）新教育写作的探索历程

新教育实验从一开始就非常重视写作，在不同时期、不同层面进行了可贵的探索。可以说，新教育每走一步，都留下了写作探索的足迹。我们将新教育写作的探索历程分为以下三个阶段。

第一阶段是新教育写作的实践探索期。

2002年3月，新教育申报全国教育科学规划"十五"课题，我们明确把"师生共写随笔"作为主要实验项目之一，为此专门成立了项目研究组。同年6月，新教育的网络写作平台——教育在线网站正式开通。以教师写作为目标的"朱永新成功保险公司"正式"开张"。

教育在线网站以充满理想主义的教育情怀，点燃了许多校长和教师的教育激情，被誉为"中国教师的精神家园""中国教师成长的网络师范学院"。

在实践探索期，我们吸纳了全国数以万计的教师关注并参与到新教育写作中来，这为新教育写作的发展奠定了基础。

**第二阶段是新教育写作的理论建构期。**

2005年12月,"北国之春——全国新教育实验与教师专业化成长研讨会",即新教育实验第五届研讨会在吉林市召开。在此次会议上,我们将新教育实验关于教师成长的理论和实践探索归纳整理为新教育实验的"三专"模式(即"专业阅读+专业写作+专业发展共同体",后把"专业发展共同体"修正为"专业交往")。

2007年7月,新教育实验以"共读、共写、共同生活"为主题,在山西运城举行第七届研讨会,正式提出"晨诵、午读、暮省——新教育儿童生活方式"。其中,暮省的核心是写作,通常以"师生共写随笔"这一行动所提倡的方式方法,对一天的教育生活进行反思与总结。会议也指出"共写,是指同学之间、师生之间、亲子之间乃至于整个社会通过反复交互的书写,彼此理解,并在不断的自我反思中加深认同、体认存在的过程","共读共写共同生活"如今也成为新教育写作的重要特点。

2009年7月,在江苏海门召开的以"书写教师的生命传奇"为主题的新教育第九届研讨会上,我们提出新教育实验的一个重要命题就是书写教师的生命传奇。生命就是书写一个故事(叙事);教育就是让每个人有省察地书写自己的生命故事;从事教师职业就是把教育作为自己故事的主旨,并用生命最大段的篇幅来展开书写。

从2005年12月"北国之春——全国新教育实验与教师专

业化成长研讨会"的召开，到2017年11月《童喜喜说写手账》系列图书的出版，我们在新教育写作的理论建构方面进行了有益的探索。我们先后提出了新教育实验教师成长的"三专模式"、"晨诵、午读、暮省——新教育儿童生活方式"和书写生命故事等命题与主张。

在理论建构期，新教育写作最重要的代表性成果便是以"专业写作"为主要内容的"三专"理论以及以"生命叙事"理论为基础的教师成长理论。这两个理论的提出不仅为新教育写作奠定了基础，也有效指导着此后新教育写作的实践探索。

第三阶段是新教育写作的深入推进期。

2018年7月，新教育实验以"新科学教育"为主题，举行第十八届研讨会，提出以"做中学、读中悟、写中思"作为新科学教育的实施路径，再次链接了写作。

2019年1月，苏州大学新教育研究院成立了新教育写作研究中心，继续深度推进新教育写作研究。同年7月，在"新人文教育"研讨会上，我们提出写作是新人文教育第三大重要方法。从新人文教育的角度来说，写作是学习以理性文明的、有教养的方式与他人交流，也是民主生活方式和公民社会所必不可少的公共说理方式，有利于促进新人文教育培养与民主生活方式相适应的时代新人。

2021年12月，在2021新教育国际高峰论坛上，我们提出"以写作塑造更好的自己"的主张，呼吁"让写作成为我们的一种生活方式，让生命的每一天都开出一朵花来，经由岁月的积淀，成为最好的自己"。

2022年3月，新教育举办了"新教育儿童写作"线上公益专题培训，同时推出了第一套"新教育儿童写作课程"——"和漫画一样好玩的写作课"系列儿童作文读本。新教育儿童写作课程为一线教师开展写作指导提供了具体操作指南，这是新教育写作的一次全新探索。

从2018年7月的第十八届研讨会起，我们陆续将写作融入新科学教育、新人文教育，提出"以写作塑造更好的自己"，并推出了"新教育儿童写作课程"。

在深入推进期，我们将新教育写作理论向各个学科辐射，在具体实践中对新教育写作理论进行检验，并形成了若干具有新教育特色的写作课程与教材，实现了理论与实践的共同深化。

2022年7月8日—10日，我们又以新教育写作为主题，在四川旺苍举行了新教育实验第22次研讨会，进一步对此梳理总结、交流探讨，本次会议已成为新教育写作探索进程中的一个里程碑。从2002年到2022年，20年来新教育写作从生发、萌芽到长叶、抽枝，迎着朝露、向着太阳蓬勃生长，新教育写作的探索之路从脚下伸向了远方……

### （四）新教育写作的特点

新教育写作具有写作的一般特点，如主体性、创造性、反思性、教育性、综合性等，但同时又有其独特的品格。新教育以"过一种幸福完整的教育生活"为崇高使命，这一使命决定了新教育写作着力体现一种幸福品质追求的完整性，即通过完整的、全面的写作，刻画精彩、幸福、完整的人生。在这一视域和语境下的新教育写作具有如下鲜明的特点：

第一，就写作源泉而言，新教育写作是"全景观写作"。

离开了日常的教育生活，新教育写作便没有了源头活水。"全景观写作"是指通过日常化、多样化、长期化的写作全面生动地反映教育生活。新教育写作强调日常性、生活性、精神性，要求忠实于自己的生活与心灵，不夸张、不虚假，注重生命体验。新教育写作提倡每日记录教育生活、学习生活中的点点滴滴，通过这种方式在文字的世界里得以"再活一次"。真正的教育生活既富有诗意又充满挑战，并能够彰显人的意义和价值。正如新教育写作研究中心主任张菊荣所说：这种写作在形式是低端的，是人人可以为之的；而在精神上则是高贵的。新教育写作倡导无门槛写作，重要的是做起来，重要的是日不间断地做起来，让写作成为一种生活，让思考成为一种状态。新教育写作强调的是其精神价值和生命状态，"全景观写作"正是强调了新教育写作的生活性、坚持性与精神性。

第二，就写作主体而言，新教育写作是"全民化写作"。

新教育写作倡导"人人参与，个个都是写作者"，以学生、教师、父母为三大主体，构建新教育写作共同体，为写作走向全民化创造条件，奠定基础。在全民化写作中，新教育凸显写作者崇高的主体角色和地位，发挥写作者的主体作用，鼓励写作共同体的每个成员用文字见证幸福完整的教育生活。全民化写作在凸显写作者个体的主体性的同时，还倡导主体多元、互动交流，主张师生、亲子、生生、家校之间的共同写作，通过书信、便签、接龙、班报等交流教育生活、工作情况与生命感受，共同编织有温度有深度的学校教育和家庭教育，通过写作成为更好的自己。新教育写作特别倡导共同体写作，认为共同体写作的价值在于相互交流、相互鼓励，在于相互取暖、相互唤醒、相互激励，从而在新教育写作中呈现出充满活力的精神文化场。正如从书香校园走向书香社会一样，今后，新教育写作也会逐步推广到教育领域之外，如机关、企事业单位等，走向全民写作。

第三，就写作心理而言，新教育写作是"全心性写作"。

写作过程中存在大量的心理活动，这是毋庸置疑的。新教育写作认为写作过程中的心理活动是复杂多元的，包括无意识冲动、兴趣、情感、直觉、感知、记忆、想象、思维、言语，等等，它们活跃在写作的全过程。其中，新教育格外强调情感与思维，重视写作的情感性与反思性，如果说情感是文章的血肉，那么思考则是写作的灵魂。正如没有情感的文章就没有生命一样，没有思考的写作也是苍白的写作，写作是最好的思维体操之一。新教育写作强调生命叙事，但是不满足于就事论事式地记录和罗列，而是通过充满感情、夹叙夹议的方式，讲述生命成长循环往复、螺旋攀登的曲折历程。新教育写作倡导审辩性思维，强调在写作过程中不断地追问自己的教育经历和成长历程，自我审视、自我批判，不惧自己的成长困境；强调写作与思考的深度结合。深刻的反思并不意味着否定表达的丰富与感性，更不意味着文字的干瘪无趣。新教育认为真正的教育生活是一种深刻的生命体验，写作就要充满深情地描述这些体验，让写作所呈现的文字富有一种真诚自然的美感。

第四，就写作领域而言，新教育写作是"全学科写作"。

以前，写作似乎一直是语文学科的事，如今人们越来越深刻地意识到，它已经远远超出语文学科了。"以写促学"已经成为所有学科学习的一个重要路径。美国教育心理学家建议，应该使写作成为所有课程学习内容的一部分，尤其在中学阶段，每门课程的老师都应该要求学生为所教的课程写作。新教育的学科写作主张，结合学科知识的学习，通过学科主导写作、学科内跨界写作（如听说绘写项目）、学科间主题（或项目）综合写作等形式，训练学生的语言能力、观察能力、思维能力、想象能力，指导学生自觉运用丰富多彩的语言文字，如日志、自传、小说、评论、脚本、新闻、信件、备忘录、调查报告、学科论文等，自由表达在学习各学科知识过程中的见闻与心得，全面提高学生的各科写作能力，实现各科读写能力的全面提升。

第五，就写作形式而言，新教育写作是"全体式写作"。

古人讲的"体式"，指的是文章的体裁格式，由于文章体式各不相同，语言的修辞表达形式也很不一样，所以体式实际上还不局限于文体、文类，还包括与之相关的章句、辞采等修辞技巧，是写作的形式范畴。新教育写作在高度重视写作内容（客观现实、主观情思等）的同时，也十分重视写作文体、文类、修辞等形式，尤其重视写作形式的多样化，主张通过撰写教育日记、课堂实录、教育故事、教育案例分析、教育论文、教育报告、教育论著、教育书信、学习心得甚至便签、备忘录，也可以通过进行小说、诗歌、童话等创作，记录和反思日常生活、精神生活，分析和回顾教育和学习状况，这正是新教育积极倡导和构建的写作风貌。多年来，新教育写作在这些方面可以说是硕果累累。

第六，就写作手段而言，新教育写作是"全媒体写作"。

新教育写作从传统媒体和新媒体融合互通的意义上来理解"全媒体"，认为全媒体写作就是全面采用口语、文字、音像、动画、网络、手机等新老媒体手段来进行的写作。新教育写作一方面不断完善传统媒体写作，另一方面又在一开始就十分重视网络写作。"教育在线"的博客写作曾催生了漫卷全国的教育阅读潮和写作潮。它使网络写作成为一种读者（主要是教师和父母）参与的积极生产行为，在积极培养读者的阅读习惯和写作兴趣的同时，也激发他们的写作冲动，完成阅读与写作的良性循环，可以说借助网络推动全民写作的一次大型演练。

# 第二章　新教育写作的意义与价值

写作，是人的本质属性之一。"人之所以为人者，言也。"①

写作，是传统教育的三大支柱读写算之一。

写作，更是21世纪最重要的生存技能。在世纪之交的时候，美国学校管理者协会就"什么是21世纪最重要的生存技能"问题，请教了来自教育界、企业界、政府部门、社会学等领域的55位杰出专家。专家们列举了"全面阅读和理解技能""应用计算机及其他技术的技能""掌握一门以上外语的技能"等22条重要的技能，"写作能力"名列榜首。

在科学技术日新月异的今天，为什么人们重新发现了写作的价值？写作究竟对于我们的个人成长和社会发展具有怎样的意义？

---

① 徐正英，邹皓，译注. 春秋穀梁传. 北京：中华书局，2016.

# 一、写作让个体成为更好的自己

新教育认为，写作是生命存在的必要条件和基本工具。事实表明，写作（最初是口头表达）是先于阅读的，对于个体生命的存在与发展更为生死攸关。语言行为是人类特有的禀赋，语言交流是其他交流形式的源头。人在通过生产工具等中介建立与世界的物质联系的同时，也通过语言符号等中介建立与世界的精神联系，二者缺一不可。当新生命呱呱坠地发出第一声啼哭的时候，写作或语言表达就开始了。缺少或剥夺了这样的表达，生命是残缺不全的，甚至可能瞬间消逝。所以，我们应该在福楼拜所说的"阅读是为了活着"后面加上一句："写作更是为了活着。"

写作对于个人的成长具有十分重要的意义。写作是真正的思考，是个体终身学习的有效方式，是全球化时代个体生存和发展的重要技能，也是个体在世俗生活中能够守望精神世界的根本路径。

## （一）真正的学习思考离不开写作

新教育认为，写作是促进个人全面发展的必由之路。因为写作是一种人的兴趣、动机、情感、感知、想象、思维、意志、气质、性格等都参与的全心性活动，再加上写作具有比阅读更强的实践性、操作性，因而会在更大程度上训练人的心智和心性，并在这些训练的基础上促进人在智识、道德、审美和自由个性的全面和谐发展。例如，写作过程离不开情感体验，所谓"情动而辞发"，在写作过程中，随着对生活的体察、感受和认识的加深，人的情感体验也会沿着情绪、情感和情操的层次不断升华，他的理智情感、道德情感和审美情感也会发展起来，最终产生更动人心魄的表达。又例如，写作与思考有着十分密切的关系，在美国心理学家乔丹·彼得森看来，写作几乎就是思考本身。在一次演讲中，他曾指出："教会人们批判性思维的最好方式是教他们写作。"著名播主、作家蒂姆·菲利斯（Tim Ferriss）承认自己所取得的成功，很大程度上得益于在写作上取得的成就，通过类似于"早间习作"练习将自己的各种思考形诸笔端，进行甄别，反复打磨，使自己的思维变得越来越准确，越来越敏捷。

　　培根说：写作使人精确。人的真正的思考，是从写作开始的。《华东师范大学学报》（教育科学版）有一篇对哈佛大学教育研究生院萨摩斯教授的专访，题目为《写作何以成为哈佛大学唯一一门必修课程？》萨摩斯在专访中谈到，写作是一种用文字和隐喻标记世界的方式，是一个引领学生批判地、深度地阅读和有效地、清晰地书写的过程，是一个让学生发现自己真正关心所在和写出自己所思所想的路径。"你不会真正地知道你在想什么问题，除非你把它写出来"①。写作是一种清晰、简练、高效的记录方式、表达方式和传播方式。写作与每个人的存在息息相关，应当成为所有人的一种习惯。

"学而不思则罔，思而不学则殆。"通过写作训练思维，是有效学习的前提。因此，美国加州大学伯克利分校提出了"以写促学"（writing to learn）的口号。"写得更好"（write well）也成为美国基础教育的目标。因为"写得更好"是为了"学得更好"。"写"然后知不足。通过写作学到的知识，比机械记忆的知识理解更深刻，记忆更牢固，效果更理想。写作是终身学习时代"抓铁留痕"的有效学习方式，这已经达成了普遍共识。

### （二）职业生涯的发展离不开写作

美国学者的研究发现，获得诺贝尔奖的科学家和美国国家科学院的院士与一般科学家之间的差别，主要不是表现在智商、学历、性别上，甚至也不是在科学素养、行动力或专注力方面，而是在写作上。而获得诺贝尔奖的科学家的写作能力比没有获得诺贝尔奖的科学家要强二十倍以上。

其实，不仅仅高层次人才需要写作能力，即使一般员工，写作也是职场竞争力的重要体现。被誉为"硅谷的天使"、"投资

---

① 南希·萨默斯，赫明珠，于海琴. 写作何以成为哈佛大学唯一一门必修课程——南希·萨默斯与赫明珠、于海琴的对话. 华东师范大学学报（教育科学版），2022（01）.

界的思想家"的彼得·蒂尔（Peter Thiel）说："在硅谷让我感到非常有价值的一个方面，就是写作。如果说我们能够写好一篇文章，不管是做科学的，做技术的，做创新的，如果你能写好一篇好文章的话，其实你都不需要成为一个作家，或者说一个小说家，基本上比普通人好一点点的话，那你就是很好的亮点了，这在硅谷是很好的一块敲门砖。"

互联网革命以来，许多自媒体人通过写作，实现了职场和人生弯道超车，成为这个时代最大的"红利"收获者。有人说，"写作是最好的自我投资"。[1] 不会写作的人往往意识不到自己错过了多少成就自我的机会。在经济全球化时代，在中国走向世界、参与国际交往和竞争的今天，具备写作能力的人将是人才市场最抢手的"紧缺资源"。

### （三）幸福完整的生活离不开写作

我国古人精辟地总结和概括出"三不朽"的人生理想，也即"立德""立功"和"立言"。用今天的话来说，就是做人、做事、做文章，要做出品位，做出境界，为自己树立标杆，也为别人或后人树立表率。从此，立德树人，立业建功，立言传道，也就成为人们成就自我、泽被世人的人生信条！

我们今天讨论的"写作"，说到底，就是古人所说的"立言"。

---

[1] Spenser. 写作是最好的自我投资. 北京：中信出版集团，2018：8.

在"人人都是写作者"的大众化、全民化写作时代,每个人都可以做到这一点。个人不管担当或扮演什么样的社会角色,以多大的能量,以何种方式参与个人和社会历史的创造,也不管结局如何,只要他通过语言讲述诗意人生的故事,抒发至真至诚的情感,礼赞生命成长的高贵,传播科学理性的知识,咏叹天地自然的大美,讴歌坚韧不拔的意志,表达鼓舞人心的信念,阐明启人心智的真谛,不管留下的是鸿篇巨制还是片言只语,也不管影响的是千军万马还是寥寥数人,都能成就自己的生命不朽!新教育以写作作为它行动的一大主题,就是要自觉传承"立言不朽"的中国文化传统,同时在现在与未来的全新语境中返本开新,赋予它新的内涵与价值。

写作让个体从嚣杂的外部世界回到安静而丰富的精神世界,写作让个体面对自己的灵魂、拥抱自己的灵魂。写作帮助一个人成为真正的完整的人。写作唤醒了人的精神自我,滋养了人的精神发育。一个习惯写作的人,他的精神世界和一个不写作的人相比,是有本质区别的。

写作的人是文字的魔术师。无论是英文的26个字母,还是中文的几千个方块字,它们的组合变化抵得上任何奇妙的化学反应。通过各种搭配,这些文字可以创造出世界上最神奇的东西。

写作的人是伟大的观察家。他不仅需要一颗纯洁的心灵,更需要一双善于发现的眼睛。写作的人能够看到别人无法看到的世界，发现别人无法发现的风景。

写作的人是历史的创造者。写作不仅仅记录着我们所处的时代，还记录着我们自己的生活，书写着我们自己的生命传奇。

写作的人是幸福的。人生不如意十之八九，周国平说，写作是在苦难中自救的一种方式，通过写作，我们可以把自己与苦难拉开一个距离，以这种方式超越苦难。① 人本主义心理学大师卡尔·罗杰斯在《论人的成长》中肯定了写作在人的精神疗愈过程中的重要性，他认为写作是一种指向外在的活动，它对于内向型人格的人来说，可以起到帮助作用，帮助他们获得心理的平衡，从而在沟通和表达方面得到某种意义。② 写作展现着个体的精神生活，创造着我们的美好生活，具有自我辩驳、自我教育、自我塑造、自我拯救的价值，赋予错综复杂的生命以自我超越的深层次意义。写作意味着思想和灵魂的绽放，意味着自我实现与自我超越，意味着幸福完整的美好生活。

湖北省松滋市实验小学黄华斌校长这样描述过写作对于他个人和学校的意义：

## 以笔为马，奔赴教育的诗和远方

湖北省松滋市实验小学自2019年启动"新教育实验"，一年

---

① 周国平. 人文精神的哲学思考. 武汉：长江文艺出版社，2015：138.
② 卡尔·罗杰斯. 论人的成长（第2版）. 石孟磊，邹丹，张瑶瑶，译. 北京：世界图书出版公司，2019.

一个主题，走过了"寻梦"—"深耕"—"融创"的三年之旅。加入新教育三年，我们最大的收获是，做起来就有故事，写起来就有惊喜，校园因为堆满故事而充满生机。在这场始于教师专业成长的行走中，我们以笔为马，借助新教育"生命叙事"的独特方式，引导师生共同奔赴教育的诗和远方。

一、"项目驱动"，营造教师叙事场景

写作，对于绝大多数教师而言，无疑是负担；从"被逼"到"习惯"再到"自觉"，非一时之功。教师不愿写，原因在于动力不足、意义缺失。我们的策略有四：**一是丰富"造景"**。以项目驱动的方式，对习以为常的教育管理场景进行意义重构，制造教育写作事件，如"悦读故事""参赛故事""点灯故事""磨课心得""班级叙事""成长叙事"等项目，通过不同场景的建构，让老师们有话题可写，有故事可讲。**二是升级"意义"**。取消各类常规工作总结，代之以"教育叙事"或"教学案例"，先减负，再升级，推动教师从形式写作走向意义写作。**三是激励"扬长"**。鼓励先进，也允许落后，对于叙事要求，40岁以下是规定作业，每月一篇，40岁以上是选做作业，从"生命叙事"和"照亮生命"的"大小写"中自主选择其一。小写，用照片传递感动；大写，用故事彰显精神。**四是注重"分享"**。把生硬的会场变成了生动的故事场，用有过程、有典型、有思考和有PPT的要求，推动教师将践行新教育的具体过程用生动的现场和故事演绎出来。变"教师例会"为"榜样故事会"，每月一次分享，每次一个主题，在分享交流中寻找我们自己的"英雄"。变"班主任例会"为"优秀案例叙事研修"，从教育媒体和老师的"生命叙事"中精选1—2篇进行集中主题研修，在共同学习、诊断和研究过程中学会如何撕开问题的口子，让教育的价值流出来。变"读书会"为"读思会"，相约星期二，读思结合，智慧碰撞。如在共读朱永新教授的《致教师》后，要用书中一个最有共鸣的观点，讲述自己的一个教育故事。这样的读写融合，避免了只是"翻书而已"的浅薄，"夜读"成"悦读"，变"经验交流会"为"上清故事会"，同时开展了"跨世纪巾帼教师故事会""在岗25年老班故事会""红烛先锋故事会""点灯行动故事会""我为班级讲故事"和"我为孩子讲故事"等系列活动。枯燥的会议"变脸"后，精彩故事便纷至沓来。

二、"上清走笔"，修炼教师叙事功夫

仅有思想的引领是不够的，必须解决"生命叙事"写作中的技术障碍问题。我们形成了自己的写作修炼"三字经"。一是"磨"。引入梁衡的"五字诀"，即形、事、情、理、典，作为"叙事标准"，创造性地提出思想立场、事发现场和价值收场的"叙事结构"，引导老师们反复打磨好题、好段、好细节、好故事、好观点等"叙事亮点"。例如，为了让老师们辨识"生命叙事"与一般性叙事、随笔的本质区别，我以几则关于学生矛盾的同主题故事进行面对面的研磨指导，提出"生命叙事要突出儿童立场和教育思维"，不是从学生矛盾的故事中去讲述包容与修养的重要,而是要着力书写如何有效解决问题矛盾的方法和智慧。

二是"改"。在老师们眼里,我成了不折不扣的"编辑",改稿点评成了我日常工作的重要内容。近三年,我亲自改稿达1000篇,其中本校老师的多达400篇。文章不厌三回改,对于优秀的"生命叙事",我还亲自撰写名为"旁观者言"的精彩点评,帮助老师们在一遍遍、一篇篇的改稿和点评中提升叙事功夫。三是"晒"。我的个人公众号"乐乡树人"拥有粉丝1.6万人,吸引了一批来自全国各地的教师作者,五年累计推出原创作品3600多篇。2020年春,我在其中开设"上清走笔"专栏。两年多来,推送本校老师的"生命叙事"400多篇,一大批"新教育写作"的骨干作者迅速出圈,仅"上清走笔"专栏的累计点击量超过20万人次,影响甚广。更令老师们惊喜的是,他们的文章时不时会被《中国教师报》《湖北教育》《新班主任》和"光明社教育家""名校长工作室""中国教育之声""守望新教育"等纸媒和网刊选发,50多篇好案例在各级各类评选中获奖。

三、"故事首席",编织教师幸福生活

我认为,校长应该擅长并做好"笔尖下的管理"。每一次的公开讲话,我都当作一次讲故事的机会,从不让人代写讲话稿。疫情防控期间的"女神节",我亲自为女老师写祝词,将女老师居家隔离纷纷学做馒头包子的生活细节一一历数。在岗25年的"老班故事会",我亲自为一群老班们的故事作点评,字里行间充满了敬意和体恤。观课中看到某老师为学困生付出时间并给予鼓励，我当即创作随笔《等待的温度》。我把日常观课记录的有趣细节，变成一个个有趣的教学故事。为了让老师们对"相信种子，相信岁月"的价值观形成共识，我相继写下《让教育看见每一个孩子》《看见》《孩子的世界》《五根手指》《教育的节律》《办一所让师生有回忆的学校》等近10篇教育叙事。近三年，我以课堂、学生、家长为对象，撰写故事、随笔、案例和评论500多篇，其中在国家、省市级主流刊物公开发表文章200多篇。我为能成为师生心目中的"首席故事官"而自豪。有人问我，作为一名校长和语文老师，坚持笔耕不辍，时间哪里来？这样忙碌是为什么？我说朱永新老师早就给出了答案：重要的事情总是有时间的。既然选择了教育，就应该像丁磊说的那样："像个傻瓜一样，为一件事坚持，为一个念头疯狂，总有一天我们会找到想要的答案。"

四、"价值共鸣"，体悟教育写作意义

写作，是一种高层次的教育生活。因此，从"沉潜"到"上岸"，必然是脱胎换骨式的成长。这三年，我们欣喜地看到，老师们以笔为马，书写生命的力量。关丹丹老师坚持每周为班级写"成长周记"，成了家长心目中会讲故事的魅力教师。张慧卉老师以"完美班级"叙事一举夺得湖北省首届班主任基本功大赛一等奖。王芳芳、张莉等老师受邀到省城学校讲述完美班级建设和营造书香校园的好故事。令人欣喜的是，老师们在一篇篇生命叙事中流露出的对新教育的理念的理解、认同和共鸣；以智慧心，深耕教育；以仁爱心，慢度日常。

教育写作的意义在哪里？它不只是教师专业成长的"捷径"和"法宝"，还是一名教师克服职业倦怠的"慰藉"和"灵丹"，帮助自己重构新的教育景观。因此，我们倡导教师尤其是班主任做一名有故事的老师、会讲故事的老师，讲好自己的育人故事，也把自己活成一个好故事。朱永新教授曾说，"和文字打交道的人是幸福的人"。今天，这种幸福感已在我们一次次的行动和碰撞中慢慢凝聚和升腾。

"生命叙事"，就是一段在"书写"中认知生命，懂得教育，相互成全和享受生活的过程。这个过程，就是我们所追求的"幸福而完整"。这些年来，普通人眼中费时费神、劳心劳力的写作，却成了我和老师们教育情怀和教育思想的源头活水。若干年后，回首过往，一个个故事自会带我们走进那些已经远去并渐渐模糊的岁月。那时，我们会欣慰地说：教过，爱过，还曾写过。

黄华斌，中学一级教师，中共党员，现任湖北省荆州市松滋市实验小学党总支书记、校长，获评"荆州市首届十佳人民满意校长"。2020年正式加入新教育实验，深耕书香校园、生命叙事、理想课堂、卓越口才、生命教育等项目，多项经验被《湖北教育》《湖北日报》等推介。作为"中国教育新闻网"评论员、荆州新闻网和《荆州日报》特约评论员，公开发表评论和教育随笔500多篇。自办"乐乡树人"微信公众号，运营五年来，刊发原创作品3600余篇，大量作品被全国网媒和纸刊转载；关注用户1.6万人；获评"荆州市十佳个人双微"。

## 二、写作让社会发展更加和谐

写作可以是纯个人的私事，但如果写作进入交流，那就不单纯是个体行为了，也是社会行为，它源于社会生活，又反作用于社会生活，具有强大的社会功能。孔子说"诗可以兴，可以观，可以群，可以怨"，就是强调文学艺术具有启发联想、考察得失、聚合同道、讽刺时弊等社会作用。每个人发自心灵深处的写作都能鼓舞着身边的人，由此推动人类命运共同体向善、向真、向美。

### （一）写作是家庭幸福的纽带

家庭是社会的细胞。松居直先生在《幸福的种子——亲子共读图画书》中说："亲子之间交换的丰富语言，是一个家庭最大的财富。"良好的家庭教育、家风建设对于个体的健康成长、社会和谐、民族进步、国家发展具有奠基性的作用，它不仅得益于"诗书传家"的家庭阅读或亲子阅读，而且也得益于家庭成员之间"交换的丰富语言"，也即家庭写作。

家庭日记唤醒自我意识。日记是一种私人化写作，是自己与自己的心灵晤谈，它常常诞生于家庭的个人空间。日记作为近代才出现的一种文体，是人文主义复兴重视个体自由的反映，也是自我意识觉醒的重要表现。鼓励成长中的儿童在家中多写日记，记录自己的心理与行为，反观自我的心路历程和成长印记，可以有效提高个人"自我感"，促进心理的内省自觉。意大利著名作家埃迪蒙托·德·亚米契斯的《爱的教育》是一部长篇日记体小说，书名又叫《一个意大利四年级小学生的日记》，本书除了少量穿插父母、姐姐的劝诫书信和教师每月讲述的故事外，主要就是小主人公安利柯撰写的100则家庭日记。这些日记记录了一学年发生在安利柯身边各式各样有趣而感人的小事件，以及他自己的观察、体验、思考和内心独白。日记以一个儿童视角展示了对现实生活的感性把握、深刻体验和对理想生活的深情遐想，其实就是一部安利柯个人心灵和自我意识的成长史。它忠实记录了安利柯为代表的一群孩子在特定时代、特定家庭、特定学校和特定社会环境中精神的自我锤炼、自我考验和自我发展的过程。这篇日记体小说是一部值得所有学生、老师和父母学习的写作经典。新教育主张学生、教师和父母应当多写家庭日记，记录在师生关系、亲子关系、同侪关系和社会其他人际关系中遭遇的种种酸甜苦辣，以及在充满戏剧性的心灵体验中不断走向成熟的历程，为自身的成长留下完整的精神谱系和宝贵的精神财富。

家庭书信改善亲情交流。家庭书信即"家书"，是一种历史悠久的家庭写作形式，是亲人信息交流、心灵沟通的纽带，也是家庭教育和家风传承的重要手段。"家书抵万金"。纸短情长，家书不仅传递浓浓亲情，殷殷嘱托，谆谆教诲，而且还记载历史信息，表达家国情怀，寄寓文化内涵，堪称亲情和历史的交响。家书历史悠久，人类文明早期就有口信、结绳通信、树叶通信、击鼓通信、烽火通信等家书的原始形态，文字产生以后，世界各地出现了泥板家书、简牍家书、绢帛家书、布质家书、羊皮纸家书、纸质家书等文字书信，尤其是文字书信，留下《了凡四训》《曾国藩家书》《梁启超家书》《傅雷家书》《莫扎特家书》《洛克菲勒写给儿子的38封信》《摩根家书》《查斯特菲尔德勋爵给儿子的信》《罗杰斯家书》《致父亲》(卡夫卡)《亲爱的安德烈——两代共读的36封家书》等极为丰富的传世经典，广泛涉及亲情、修身、交往、理财、成长、文学、艺术、历史等丰富内容。这些家书如今已经成为我们的阅读对象，但我们应当能够从中强烈而深刻地感受到那些家书的写作者当年从内心思绪到外在表达的丰富个性，为如今通过家书促进亲情交往和家风建设提供想象、思维和表达的启迪。

　　家书，尤其是传统的家书在写作的格式、技艺、封装等方面都有一定的要求和规范，可惜在更加快捷的信息化、电子化传播时代，知道和采用传统家书写作的学生、教师和父母正在变得越来越少，传统家书离我们渐行渐远，甚至面临失传的危险。新教育认为，应当全力保护这一文化传统，恢复其独特的文化濡染作用，使我们紧张、浮躁的心灵得以舒缓、平复和宁静，在这种更高雅也更富有个性化的亲情对话中，聆听对方的心灵律动，走进彼此的精神世界，架设真情沟通的桥梁。

### （二）写作是现代社会人际交流的桥梁

写作最大的魅力，就在于将个人的所闻、所见、所悟，以文字的形式记录、表现，并在人群中产生共鸣。文字能够代表一个人智慧的结晶、思考的果实，可以传递给不同的读者，那些深邃的文字还能够穿越时空。这些珍贵的精神财富，就在不断传播中把世界变得美好。

现代世界的人际关系充满了矛盾，一方面日益社会化、全球化，人际交流更加普遍全面，另一方面却又日益原子化、碎片化，人际交流面临种种难题。在这样的语境里，充满温情、仁爱、包容精神的写作与传播就成为化解人际困境的良药。而在信息化社会和互联网时代，写作共同体的交互性写作就这样应运而生，并成了现代社会人际交流的重要方式。

在互联网时代，一群小伙伴的写作共同体，一个学校的写作共同体，一个区域的写作共同体，全国各地乃至世界各地的教育写作者都可以在网络媒体上组合为写作共同体。写作共同体的活力在于相互交流，既可以交流写作心得，也可以交流各自的写作成品或半成品。当今社会，微信群、QQ 群的分享，美篇、公众号的分享，电子周报、电子月报的分享都成为现实，写作共同体是生命共同体的最佳呈现。

人类进入21世纪之后,"自媒体"的传播方式催生了"全民写作"时代的到来。它使原来垄断话语权的精英写作转变为普及的、草根的大众写作,它以现代化传媒为手段,展现了前所未有的私人化、平民化、普遍化、自主化风貌。即使是精英写作,也常常以大众写作的姿态加入这个行列。网络的实时更新和交互性,极大调动了创作者和阅读者的热情与积极性,形成"全民写作"和"全民阅读"相互依存、共生共荣的现象,全民写作正在改变写作的概念,改变我们的生活方式。一方面,随着人们不断的自我完善,它正在从某个层面上引领着一个"艺术化生存"或"审美化生存"时代的悄然来临;另一方面,随着表达的即时化与便捷化,也产生了"网络暴力"等新的问题,写作伦理问题也日渐凸显。

### (三) 写作是社会和谐与国家稳定的利器

"鼓天下之动者存乎辞。"(《周易·系辞上》)人类社会生活的实践与变革都与写作休戚相关,如经济生活中的贸易往来、产品介绍、合同签订,公共生活中的秩序重建、公德推行、移风易俗,政治生活中的新政主张、制度变革、法规宣传,精神生活中的科学发明、技术革新、文艺创作,如此等等,都离不开写作的传播与鼓动。社会愈发展,写作的变革作用就愈突出。

"铁肩担道义,妙手著文章"。在社会生活中,写作的最大魅力,就在于作品能传递鼓舞人心的力量,产生社会共鸣与响应,共鸣与响应越积极、越强烈、越广泛,就越能把我们置身其中的社会变得更加美好。这需要写作者的社会责任担当,通过写作弘扬正气、抵拒邪恶、礼赞光明、扫除阴暗,由此推动社会不断走向文明、和谐、公平、正义、美好。

曹丕在《典论·论文》中曾提出"盖文章,经国之大业"的著名主张,将写作提到治国安邦的战略高度,对后世产生了很大的影响。从古至今,写作一直深度参与着社会各部门的组织管理。离开了写作,社会很难实现有效地运行。

中外历史上,写作促进社会和谐、国家稳定的佳话非常之多。大学士张英的一封家书解决了宅基地纷争,留下了"六尺巷"美谈;王阳明一封《告谕巢贼书》,兵不血刃收降了两股土匪;中国公民郝劲松给铁道部的一封信,改变了春运票价上浮的传统;钱学森的一封回信,催生了我国材料学的诞生及其发展;在关乎人类自由和尊严的千钧一发之际,丘吉尔以其独特的雄辩鼓舞了人们的斗志……

在今天,写作不论何种文章体式,也不论文章形制大小长短,只要唱出时代之音,强化文化认同,提振民族精神,有益经世利国,写出个人风采、家国风度、时代风气,也可以成为经国大业的一员,汇入民族复兴的交响乐章。

## (四)写作是人类文明传承和人类命运共同体构建的基石

《辞海》解释称:文字是"扩大语言在时间和空间上的交际功

用的文化工具，对人类文明的促进起很大的作用"。如果说文字是人类文明的基石，那么写作者就是人类文明的播种者。正是经过写作者的文字写作，才产生了无数记载和传递人类文明的瑰丽文章。从这个意义上可以说，人类文明的发展史就是写作的发展史。但写作不是简单地记载和传递文明，它也参与了人类文明的非凡创造。

人类发展进程中每一阶段的伟大写作，都是从人类文明的巨量遗存中发掘、提炼出最光彩耀人的精髓，用充满诗意、史韵和哲理的语言创造性地表现出来，绘就绚丽多姿的人类文明图景，唱响情思激越的人类文明之歌。可以说，写作以语言文字独特的魅力参与创造了人类文明，而且极大增强了人类文明的力量。

习近平总书记指出："人类生活在同一个地球村里，生活在历史和现实交汇的同一个时空里，越来越成为你中有我、我中有你的命运共同体"①。如今，人类文明发展已经进入了全新的时期。诚然，在我们前行的道路上还存在太多的不确定性，还横亘着太多难以突围的藩篱和跨越的沟壑，甚至人类文明本身也面临着可能被更高级的——尽管是假想出来的"三体文明"碾压的巨大忧患，但是，我们仍有理由坚信，人类文明发展壮大的进程不可阻挡，人类共同建造通往理想"通天塔"的希望不会

---

① 中共中央宣传部，编. 习近平新时代中国特色社会主义思想三十讲. 北京：学习出版社，2018：286.

破灭。我们有足够的能力修补一切"文明的裂痕""文明的对抗"和许多人对"文明的不满",促进人类文明继续昂首阔步,走向圆满。

在这个进程中,我们仍然相信语言的力量、文字的力量和写作的力量。人类"地球村"中不同种族、不同国家、不同行业的所有写作者,将继续以语言文字本身的独特魅力,并利用全球化、互联网给我们带来的红利,参与到新的人类价值体系的建设中来,共同谱写多样统一的人类文明华章,大家"拥抱在用言语所能照明的世界里",让文字的光亮烛照文明的未来,让人类享有它浸润的"爱的自由和美丽"。

## 三、写作让教育生活更加精彩

我们经常说,没有阅读就没有教育。同样,我们也可以说,没有写作就没有教育。

美国国家写作委员会在2003年4月向国会递交了一份报告书《被忽略的R——我们需要写作革命》。报告书指出,在教育改革的过程中,决策者与教育界人士都忽略了一个让上学很有趣、学习很有效、学生都能有自信又能自主学习的重要的因素,那就是写作。如果学生能够自我学习、自我发展知识,就必须有能力将一堆琐碎数据消化重组,并透过语言的表达来跟别人沟通。简而言之,学生要能学习,必须学会写作。写作有助于构筑良好的教育生态，提升教育的品质，写作者在写作的同时，也在书写自己的生命传奇。

### （一）写作构筑良好教育生态

当前，家庭内部、学校内部以及家校之间都不同程度上存在着共同语言、共同价值的危机。分数成为师生之间、父母和教师之间、校长和教职员工之间、学校和社会之间的共同语言，所有的人成为分数这间房屋里的陌生人。我们认为，只有在共读共写共同生活中，丰富知识、发展思维、促进精神成长，才能形成共同的语言、密码以及共同的价值观，才能构筑良好的教育生态，实现立德树人的根本目标，让所有的人一起过上幸福完整的教育生活。

以新教育家校共写为例。家校共写主要指教师、学生、父母之间通过交互书信、便签等，彼此理解、加深认同、相互合作，共同致力于创造幸福完整的教育生活。在家校共写中，父母对教师、学校提出的合理要求，一方面可以让学校和教师得以重视乃至改进，另一方面可以成为优化教师教育理念、提升学校教育质量的动力，帮助修正学校教育的不足。而教师对父母的建议与指导，也能够让父母少走弯路。父母、孩子与教师在一个共同体中，共同面对问题、分析问题、解决问题，实现共同成长。

新教育倡导全民化写作，让学校在处处弥漫书香的同时，又处处涌现爱写会写、各擅其妙的写作者，让学校的各个领域，包括教育教学领域、班级建设领域、学校管理领域、家校社沟通协同领域，等等，总之，让整个学校在写作呈现的语言文字中绽放璀璨夺目的生命光华。新教育写作是新教育人记录生活、呈现生命的方式。新教育写作让我们与自己经历的活生生的"生活文本"进行对话，增进我们对生活的理解，并且使我们对生活的理解与认识变得丰富多样，新教育写作成了我们改变日常生活单调平庸的重要路径。

这里，我们不妨看一下山东省滨州市滨城区逸夫小学卢振芳老师的感人故事：

### 情满心怀，花开笔尖

不知不觉间，与新教育相识已经七年有余。七年，在时间的流里弹指一挥间，但凝聚于笔尖时却是一串幸福的足迹：习惯的培养，品质的塑造，生命的绽放。

我市"新教育实验"启动与《快乐日记》"坚持之星"评选促成了"师生共写"的美丽开始。这段共写成长了四批孩子，也让我自己再度焕发青春，找寻到了年轻时的模样。我将从"上路、追逐、收获"三方面讲述我们的幸福故事。

一、启航：上路

每日一记，坚持一月是"月坚持之星"，坚持一年是"年坚持之星"，这是《快乐日记》的评选标准。带着无限憧憬，我们的坚持之旅开始了。任何开始都是热血沸腾的，我的小海燕们好像要包揽所有奖项似的。但是，理想很丰满，现实很骨感。1月、2月仅有4人、3人分获"坚持之星"，距离目标相差甚远。无法想象后续会有怎样的结局……

二、激趣：追逐

**引领启写**。迷茫时，想起了蔡元培先生的一段话："教育是帮助被教育的人，给他们发展自己的能力，完善他们的人格。"作为发起人，我不应该只是守望而应该全力参与。《海燕班的温暖故事》就此启程：我以"班级故事"为主题记录小海燕们的每一天。同时，"小海燕在翱翔"的主题帖也在"教育在线"有了一席之地。师生共写化作相互搀扶、相互切磋的力量，拥有了共同的心灵密码，一起向着明亮远方！

**活动助写**。生活需要发现，习作需要点燃。为了丰富小海燕们的习作素材，我们精心编织每一天：点亮二十四节气，探寻其价值和文化内涵；扮靓传统节日，激发写作源泉；丰富班级活动，让每天都充满新奇、期盼。活动过后，我们"聊活动"，聊活动中难忘的表情，令人回味的语言……让书面语言成为活动的延伸，生活有滋有味，文字自然多情温暖。

**种植导写**。让孩子爱上文字，给他一株花便有了娓娓道来的故事。清明前后，我们同种牵牛花。从种子种植的细心呵护到新芽露头的欣喜；从藤蔓爬墙的喜悦到花蕊绽放的雀跃，每一点变化都包含着对新生命的敬畏。在培育牵牛花的过程中，每个生命也变得坚毅、担当。

有的牵牛花没有依照孩子们的期盼发芽、吐绿。佳璇的牵牛花其实早就发芽了，但孩子不断浇水反而加速了它的枯萎。她在5月18日的日记中写道：无论我怎么用棍挡它，它也不把头抬起来看我一眼，我难过地哭了。看到这里我也想哭，一株小苗的枯萎带去了多少牵挂啊！尽管如此，佳璇的花盆还一直保留着原样直到长出两株狗尾草……长出了穗子，她说那是牵牛花生命的延续。情有多深，爱有多真。这份真一直在孩子心灵徜徉，也在我的心里摇曳——这是我们师生才读得懂的交响。

渐渐地，牵牛花N次出现在学生的习作中，丰盈着他们的生命。学习到"图腾"时，我问哪种植物或动物当作我们班的图腾时，"牵牛花！"孩子们异口同声、不假思索。《种出来的班级图腾》让我们拥有了班级愿景——向阳而生。

**拓展扩写。** 随着时间的推移，习作领域逐渐形成了"活动日记""读书日记""节日日记""观察日记""信息日记""生活日记"六大体系。不同的视角、不同的收获、不同的主题承载着不同的任务。读书日记旨在体验语言的魅力、阅读的幸福；节日日记体验不同节日中蕴含的独特文化；活动日记感悟生活、发现生活中的真、善、美，感受大自然的美好……这些活动带来的影响如不同的支流奔向大海，最终帮助实现"提高人文素养"的大目标，让成长变得神奇美妙。

**激励促写。** 坚持铸造信心、坚持成就梦想。师生共写，促成了达成了"人人成为坚持之星"的童话。编辑们在此选中刊发的作品也频频而至，一霎时，海燕班成为《快乐日记》的约稿班级。梦瑶成了快乐日记"年坚持之星"之一，有幸成为封面人物，刊登了四篇日记，获得了百元稿费。

走过了无数个21天后，大部分同学爱上了写日记。小海燕们说，写日记已经成为他们生活中必不可少的一部分，他们没感觉是一种负担，反而觉得是种享受。岂止是小海燕们，我自己不也是吗？夜深人静的回眸，成为一天中最幸福的时刻。每晚9:00按时在班级群上传我的日记，成了一种雷打不动的习惯。有时稍微晚一些，孩子们就会问："卢老师，日记呢？""卢老师，我想看日记。"那些期待、那些关注，成为我写下去的动力。回头看看自己的记录，有时也佩服自己：坚持，实际上是在为自己积累能量和财富。经过三年的记录，《海燕班的温暖故事》已经敲击下了58万的文字。这些文字记录了每一个温暖的日子、每一个温暖的孩子、每一个温暖的故事，成为他们的毕业礼物。"正因为你为你的玫瑰花费了时间，这才使你的玫瑰花变得如此重要。"（《小王子》）共同守望的日子里，《海燕班的温暖故事》成为记录童年、记录生活的"史诗"。我成为孩子眼里那个"有故事的老师"，温情且诗意。

### 三、回响：收获

从"海燕班"到"溢彩童年班"，从"扬帆班"到"太阳花班"。改变的是学生，不变的是共写。我继续做"有故事的老师"，让学生沐浴在故事里；学生们继续他们的日记，让日子生活在幸福里。

四届学生均有一人被《快乐日记》杂志邀请为封面人物、在不同作文大赛中获奖无数，在不同杂志发表文章无数。在文字中奔跑，迎面吹来的风也是甜甜的味道。

共写，不仅锻炼了学生的写作水平，更磨炼了他们的意志。春运动会上，不足一米四的小纪竟然报800米长跑，我觉得这样的项目不适合这样体质弱小的孩子，于是劝他报100米。但他却说，能坚持跑完800米就是顽强毅力的见证。当这个小小的身影在800米赛道上奔跑时，得到的不仅是掌声和呐喊，更多的是对生命的敬重。那次，小纪突破了自己，他成为最美丽的选手。同样，在200米跑道上跌倒又爬起来的佳乐、跳高晃着腿继续坚持的王鹭、坚持每日读书的鹏飞、坚持每日练字的志栋……有执着和坚毅相伴，他们想成为最想当将军的士兵；在执行课间操奶盒回收活动时，扬帆班的孩子做到了30天奶盒回收至规定位置的唯一班级。他们"成功的路上不拥挤，坚持的人并不多"的发言得到了学校领导、老师的一致好评；太阳花班将流动红旗变为常驻红旗，用一份份坚持，换来了班级自信。

七年的陪伴，我的《温暖故事》也由开始的班级内公开，转移到"教育在线""简书"，经历了几次"搬家"。改变的是地点，提升的是内涵。七年的牵手同行让我的文字充满诗情画意:《温暖故事》已突破了百万字,记录了四个班级的不同故事;我还相继发表教育叙事10余篇,创下了教学生涯发表的最高峰。渐渐地,我的故事也在新教育实验内产生了一定的影响,成为"新教育实验榜样教师"。

一个接近半百之人,获得这样的人生成长和生命体验,是新教育激发了我的梦想和激情。请无限相信师生共写赋予一个人成长的无限力量!

"情不知所起,一往而深。"七年来,师生共写成就了我和我班上的孩子们,让我找到了诗意成长的土壤。师生共写改变了我,让我满怀信心地行走在诗意的大路上——倾心于诗意的生活、醉心于美丽的过往,找到了年轻时的幸福模样。

卢振芳,一级教师,任教于山东省滨州市滨城区逸夫小学。2014年滨州市新教育实验启动,跟随加入新教育实验,与"小海燕们"一起缔造了一间"完美教室",于四川金堂进行了《呵护生命的阳光》生命叙事。新教育的理念让卢振芳老师在带班中找到了教育的诗意,所带班级阳光、温暖、向上。卢振芳老师多次在区域内做班级管理分享,其《师生共写课程》获评卓越课程提名奖,本人也被评为新教育榜样教师、滨州市名班主任、优秀中队辅导员、滨城区领航班主任。

## （二）写作提升教育的品质

写作是一种思想劳动。因为人是精神性的存在，具有超越性和不断提升的内在需要。写作的根本关键在于提升写作者的思想认识水平，思想认识水平是在阅读、写作和生活中体认和锻造的。写作的过程是价值经历和体验的过程，需要进行价值澄清和选择，锤炼自己的理想、思想、情感和文字，所以写作的过程也是提升教育品质的过程。

写作本身就是一种有效的学习模式。写作可以作为学习的工具，也可以作为对学习的检测。"学习金字塔"理论表明：最好的学习方式就是"向别人讲授"或者"对所学内容立即运用"，而写作既是用文字"向别人讲授"，也是"对所学内容立即运用"。

新教育的学科写作激活了课堂教学知识，使学科思维可见化，提高了个体分析和应用学科知识的能力，促进了对阶段性学科学习成果的巩固发展。不同情境下的各学科写作，可以帮助学习者主动理解、吸收、加工和运用学科知识，进而建构自己的知识体系，从而实现"以写促学"（writing to learn）的目的。人们已经通过大量的实验或实践探索发现，写作本身就是一种促进学习的有力工具。例如，朗格就指出，"学习一个学科的内容不仅可以通过阅读，也可以通过该学科特有的方法写与该学科相关的内容。与阅读一样，写作也是一种学习学科知识的语言手段。"格林汉姆和佩林的元认知分析也表明,"学生用新的概念和观念进行写作时,他们会学得更好。因此,写作实际上已成为一种认知上的、有效的理解策略,可用于激发学生认知,巩固新的学习,延展他们已学内容。"有专家对学科写作在学生阅读习惯与技能、学习态度、作文能力方面进行跟踪研究,结果显示:对照班在实验3年周期的数据百分比变化不大,而实验班整体提升了33%,其中在阅读习惯与技能方面提高了8%、在学习态度方面提高了11%、在记笔记和写作文方面提高了14%。可见,学科写作在提升阅读习惯与技能、学习态度和作文能力方面都有着显著的作用。

这里,我们不妨阅读一下南通市海门区东洲国际学校数学老师茅雅琳写下的数学学科写作的故事:

### 诗意可抵岁月长,静待"数学"绽芬芳

人生如逆旅,你我亦是行人,正因为我的步履匆匆,所以收获满满。我致力于"趣动数学"研究,推动学生数学学科写作,收获了许多额外的奖赏。2013年以来,孩子们累计撰写数学小论文近千篇,我们通过对积累的小论文进行研读分析,完善了"趣动数学"教学主张,依次完成了南通市教学研究重点课题、南通市"十二五"规划课题、南通市"十三五"规划课题,江苏省"十三五"规划课题也正在进行之中。《数学大世界》《启迪与智慧》杂志介绍并推广我们的课题研究。"趣动数学"课程荣

获海门市首届卓越课程特等奖。我出版了1本专著，论文连续三年被人大复印报刊资料全文转载。近期，我的科研成果《初中数学小论文：撬动学习方式变革的实践探索》更是获得了2021年度江苏省教学成果（基础教育类）二等奖。

三尺讲台讲三刻，一支粉笔书一生。我在追寻，在探索，用智慧对待教学，用进取开拓未来。九年前，开启学生数学学科写作之旅，主要基于以下两点思考：

（一）对"共读共写"生活方式的期许

"共读共写"是新教育倡导的师生日常生活方式，同时聚焦学生全方位的成长。我虽然是理科生，但对阅读和写作有着天然的向往和浪漫的期许。于是就有了把"共读共写"从传统的语文学科本位挣脱出来，迁移到数学学科中，创立一种全面提升学生数学素养新方式的想法。

（二）对"趣动数学"学习方式的思考

结合30年的一线教学经验，我提出"趣动数学"的教学主张。即针对学科特点，教师借助创设情境、设置问题、组织活动等教学手段，学生通过动手实践、动脑思考、动情体验等学习方式，实现从理解数学到热爱数学，从学会学习到主动学习的飞跃。"趣动数学"主要关注学生学习的内在感悟和外在行为。教师除了观察学生的课堂表现，作业的正确程度，还有怎样的媒介，能够帮助了解学生对数学的真实感受？了解学生对知识和方法的掌握和理解程度呢？

在实践中探索，在行动中思考，2013年，我找寻到了一座链接文学与数学、技能与情感的桥梁——"数学小论文"写作。每月底的那个周末，对我们班学生来说，没有枯燥的练习，唯有数学的理性与文学的感性交融的特殊作业——一篇数学小论文。为了用"数学小论文"记录孩子们数学学习过程中的做法和思考，也为了反思自己的教学中到底教给了学生什么，为了和我的学生一起走一条数学学习的光明大道，也为了让成长这条河流，流淌过的地方，绿草如茵，鲜花盛开，我和孩子们主要做了以下三方面的工作。

(一)赏析优秀数学小论文，掌握写作方法

数学小论文跳出语文学科的写作模式，不拘泥于文体格式，也没有题材限制，更不刻意追求写作文笔，唯一的要求就是表达真情实感。

(二)探索小论文的切入口，明确写作主题

在实践中，我和学生共同研究、讨论、摸索，发现了数学小论文写作的五种切入口：

**1. 一节新课的学习体会**

小刘同学记录了"加权平均数"一课的探究过程：

春光明媚的早晨，我们又迎来了新学期的第一节数学课，本来对数学课有那么一点点抵触，但老师的课题让人为之一振——《今天，我来当老总》。同学们的回应自然是震耳欲聋：有权，任性，何乐而不为呢？

然后，老师就在黑板上给出了表格1。

| 应试者 | 打字 | 演讲 | 写作 |
|---|---|---|---|
| 甲 | 80 | 75 | 85 |
| 乙 | 87 | 70 | 80 |

（表格1）

| 应试者 | 打字 | 演讲 | 写作 |
|---|---|---|---|
| 甲 | 80 | 75 | 85 |
| 乙 | 70 | 90 | 80 |

（表格2）

老师发问了："如果你是老总，你会录取谁？"班上一片死寂，两个人的成绩都差不多，那怎么办，糊里糊涂选一个？有的同学甚至想出了石头剪刀布的歪招，老师用恨铁不成钢的眼神巡视了全班几眼，只得把"智多星"小崔叫起来，不愧为智多星，开口一句"用平均数"惊翻全场，顿感小学数学白学了。

看来崔总是个雇员工的高手。原来，将两人分数的平均数计算一下，会发现甲的平均分为80，而乙则是79，所以应该录取甲。但我们也不是吃素的，刚才只是一时疏忽，下面只管放马过来！老师见我们兴致挺高，便又给出了表格2，这下我们全蒙了，两人的平均分完全相同，这不录取谁都会得罪人吗？要不两个都录取，看哪个表现好？显然老师看出了我们的小九九，又继续说，只能录取一个。

在我们大眼瞪小眼之时，又是崔总发话了："不是我是老总吗，我觉得哪方面能力更重要，我就更重视一些。"又是一片惊呼，我更是有了一种想哭的冲动，大权在手，我们竟为此纠结，岂不笨哉？老师也把题目露出了庐山真面目，如果打字占10%，演讲占50%，写作占40%，那么你该录取谁？前面被崔总占了风头，这下同学们都斗志昂扬，一会儿就悟出了做法，将分数分别乘它的占比，再相加就可以见分晓了，这么掐指一算，甲的分数为79.5，乙为84，所以应该录取乙了！

老师终于露出满意的目光，把一个新的数学名词授予我们——加权平均数。哈哈，我记住你了！

## 2．一个概念的深刻剖析

小李同学编了一个童话故事，解释了射线与角之间的联系：

在角王国中，每个居民都十分友善，他们中有些名字十分简洁，叫∠1、∠2……，他们是角中的数字一派。有一天，来了一群射线，他们叫OB、OC……他们稀奇地看着角，心想：这不就是两条射线组成的吗？我们也来试试。他们决定合体，变成角。于是，很多射线两两组合，有的组成了"人"字，有的变成了"×"，有的合成了一条新的射线，就是弄不出角的模样。

一条善于思考的射线并没有参加到组合的队伍之中，而是在一旁仔细观察着，他看了看角，又扭头看看一团乱麻的射线们。原来是这样！那条射线清了清嗓子，大声说道："同胞们，别那么急着去组合，我们之所以变不成一个标准的角，是因为表面上看起来角只不过是由两条射线组成，其实这两条射线都有一个公共端点，在角中被称为顶点．所以大家在组合时要让自己的端点与其他射线的端点重合，这样才能成为一个角。"射线们听了他的话，纷纷照做，顿时，大大小小美丽的角出现了，但是名字应该怎么叫呢？又不能与原来的角名字重复呀！正当众人冥思苦想时，那条射线又嚷了出来："我早就想好了，分别取两条射线上的一点，记作点D、E，把顶点O放在中间，所以我所在的角的名字就叫∠DOE。"

射线们很快就取好了名字，在角王国中住了下来，成了角中的字母一派。他们与数字一派和平相处，大家其乐融融。

### 3.一类题型的归纳总结

小施同学总结了因式分解三个注意事项：

客户您好，欢迎使用因式分解注意事项手册。作为新入驻初二学生大脑的数学"二十强"企业，投资虽有风险，但回馈利润高，是进行投资的极佳选择。所以投资前，请务必认真阅读本手册。

注意事项一：公因式的系数应为最大公因数，指数应选择相同字母的最小指数。

例1：$8a^3b^3-12a^2b^3+16a^2b=2a^2b(4ab^2-6b^2+8)$ 提公因式正确吗？

解析：此题看似为正常的提公因式，其实是个"南郭先生"。提公因式步骤中有一点：系数应为最大公因数，括号中的4，6，8还有公因数，所以正确答案应为：

$8a^3b^3-12a^2b^3+16a^2b=4a^2b(2ab^2-3b^2+4)$。

例2：分解因式：$x^m-2x^{m-1}+2x^{m-2}$

解析：我先将$x^m$作为公因式，得$x^m-2x^{m-1}+2x^m-2=x^m(1-2x^{-1}+2x^{-2})$，发现指数出现了负数，因式分解是将一个多项式分成几个整式积的形式,这里出现了负指数,不是整式。我顿时觉得无从下手,将 $x^{m-2}$ 拆为 $x^m \div x^2$ 也没有太大作用,这可咋办? 回顾提公因式的三个步骤:①系数:最大公因数;②字母:公有字母;③指数:最小指数……哦,这里最小指数应该是 m-2,公因式是 $x^{m-2}$,原式 $=x^{m-2}(x^2-2x+2)$。

注意事项二:在分解看似完成后,还要再看一遍,检查有没有分到不能再分解。

例3:分解因式:$(a^2+1)^2-4a^2$

解:原式 $=(a^2+2a+1)(a^2-2a+1)$

解析:如果你认为做到这儿就做完了? 错! 利用完全平方公式还可以继续往下做:

原式 $=(a+1)^2(a-1)^2$

注意事项三:不能漏解。

例4:若多项式 $4x^2+kxy+36y^2$ 是完全平方式,则 k=_____。

解析:我起先只写了24,但经过思考后发现,口诀:首平方,尾平方,首尾两倍中间放,只描述了项的绝对值,并未描述符号,所以正确答案应为 ±24。

数学解题的注意事项是无穷无尽的,以上仅为笔者因式分解时易犯的错误,如有其他注意事项,欢迎补充。

### 4. 一个规律的探寻历程

小刘详细描写了他的"刘氏代数式"的产生过程:

今天遇到这样一个问题:

有一组数：$-\frac{1}{2}$，$\frac{2}{3}$，$-\frac{3}{4}$，$\frac{4}{5}$……求第 n 个数是多少？

这题在同学看来很简单，因为我们已经把它的规律摸清楚了，可以把它看成由三部分组成：符号、分子和分母。只要分别探寻这三部分的规律就可以了。分子是连续的正整数，第 n 个数的分子就是 n，分母比分子大 1，则第 n 个数的分母就是 n+1，符号规律也容易确定，就是第奇数个为"−"，第偶数个为"+"，我自信满满地把我发现的规律写在黑板上，其中符号部分的规律当然是用文字语言叙述啦。可是，老师竟然不满意，她说："用文字语言太繁琐，能否用一个简单的式子来表示第奇数个为'−'，第偶数个为'+'呢？""what，这还可以用式子表示？不会吧？"同学们都一头雾水，我绞尽脑汁地思索着。"既然老师提了这个要求，肯定可以有这样的一个式子，到底是哪个神奇的式子呢？"我苦思冥想着："我们需要根据奇偶性来确定符号，其他不能改变，那么，用什么来控制符号呢？应该与负数有关，因为正数的任何次幂都是正数，而负数的奇次幂是负数，偶次幂是正数，结果的奇偶性与负数的次数有关……"想到这里，我异常兴奋，看来我的思路是正确的，就用负数的乘方来控制符号，又一个问题出现了，怎样不改变其他数值呢？对了，可以用−1！当 n 是奇数时，$(-1)^n$ 是负数，当 n 是偶数时，$(-1)^n$ 是正数，则这题的答案可以简单地写成 $(-1)^n \frac{n}{n+1}$。我迫不及待地报出了答案，老师向我竖起了大拇指，同学们也都赞叹我想到了这么简单的一个代数式来调控奇偶性，老师说："这个代数式非常简洁，我们就把它命名为刘氏代数式吧！"

太好了，我思考出来的式子竟然是用我的姓氏来命名！看来，上课积极思考会有额外的荣耀等着我们哦。

**5. 一种方法的推广运用**

小张这样介绍"截长补短"：

一转眼《全等三角形》就学完了。形形色色的图形令我有些目不暇接，与此同时我也感受到了图形的魅力。这不，

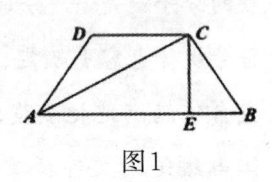

图1

又到了数学战队接受挑战的时刻了，茅老师说："今天，我给你们推荐一道关于全等的好题，顺便让我看看你们的实力。""呵呵，全等啊？我在行。"我暗自得意着。"请同学们看这题：如图，在四边形 ABCD 中，AC 平分 $\angle$ BAD，CE $\perp$ AB 于点 E，且 $\angle$ B+$\angle$ D=180°，求证：AE=AD+BE。"

"就这道题啊，看上去蛮简单的嘛！""就是就是，信不信我一会儿就搞定它！"一阵阵的窃窃私语。是吗？我抬头时，恰好听到茅老师的回应："这道题的解法我从来也没讲过哦。"似乎为了增加这道题的含金量，又说："这题方法不止一种，看谁的方法既多又好。"

我愕然……

初步接触，感到有些棘手，该怎么证呢？我看到了已知条件角平分线，想到角平分线上的点到角两边的距离

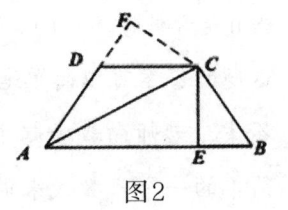

图2

相等，所以，就试着过点 C 作 CF⊥AD，交 AD 延长线于点 F。发现 AF=AE，再利用 AAS 可证得△CDF≌△CBE，从而得到 DF=BE，问题解决了。

还有什么方法呢？我仔细分析了刚才的方法，发现刚才的辅助线的作用是把两条较短的线段拼接成了一条线段，能否换一种拼法呢？我又陷入了沉思……
能否这样拼接呢？我作了如图3，延长 EB 到点 F，使 BF=AD，连接 CF。

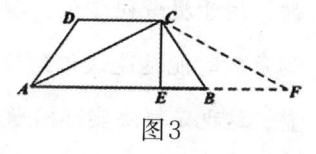

图3

能证得吗？我发现无法证明△CDA≌△CBF，后来与同学们交流了一下，发现他们利用图3是能够证得的。原来只要把辅助线的作法修改为延长 EB 到点 F，使 EF=AE，利用线段中垂线上的点和线段两个端点的距离相等，可得 AC=CF，再利用 AAS 可证得△CDA≌△CBF。

看似同样的辅助线，不同的已知条件解题的方法也不相同啊！

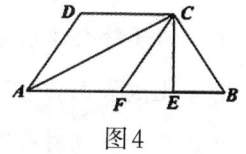

还有同学想到的方法是在 AB 上截取 AF=AD 或者在 EA 上截取 EF=EB，都可以证得结论。

图4

通过这次的解题，我掌握了一个新的本领——截长补短，合理地添加辅助线，可以帮助我们解决问题。

（三）采用不同方式，鼓励学生坚持数学写作

1. 逐篇阅读，中肯点评

对同学们递交的文章我都认真阅读，每篇文章都给出中肯的

点评，例如："你巧妙地创设了一个童话故事，将射线、角等几何图形拟人化，借助射线想要组成角这样一个活泼轻松的场景，深刻诠释了角的定义——有公共端点的两条射线组成的图形叫做角，看得出来你已经很好地理解了概念的真谛。""将行程问题放入童话故事情境中，激发了同学阅读的兴趣；文中还注意设置了问题，用于提醒同学们，解题时要看清题意，以免出错。文中计算到负数时能迅速认识到错误，注意及时寻找错误的原因并进行调整，这也是解决实际问题不容忽视的步骤——检验是否符合实际意义，文章设计得非常巧妙。""结合具体例题，剖析了解题过程的心路历程，运用诙谐轻松的语言，梳理了因式分解的三个注意事项，对其他同学具有很好的启发和借鉴作用，佩服你的创新"……

### 2. 精心修改，展示发表

我一直担任班主任工作，本届所带的1905班学生刚结束中考。为了给全体同学提供展示才华的平台，我专门开通了"茅雅琳学生成长工作室"班级公众号。学生优秀的数学小论文在班级公众号"趣动数学"栏目发布，对于特别突出的作品，我还鼓励作者积极参与纸质刊物的投稿发表。到目前为止，有103篇小论文在公众号刊登，8篇小论文在《初中生世界》《时代学习报》刊登。

### 3. 细心观察，因材施教

小陈，一个活泼可爱的男生，做事马虎，表现浮躁，喜欢耍小聪明，下课喜欢和同学打闹，有时会拿听到的高中知识来向我求证，解题速度很快，正确率较低，成绩处于班级中等偏下的位置。由于他的小论文主题和其他同学类似,他的马虎又导致文章中小错误不少,班级公众号连续多次没有选登他的文章。有一次,他发给我的文章后面特意附上了一段文字:"本文章由小陈同学呕心沥血而编,花了一个下午和半个晚上,令我感到最麻烦的就是写符号和画几何图形,几张几何图就花了我一个小时。本文章的数学符号全为公式编辑器所写,是标准的数学语言。但令茅雅琳大人失望的是小陈同学虽然精通 wps 和 word,但不会用几何画板,画出来的几何图形不精确,我用量角器量过,大体准确,不影响阅读。因时间仓促,本文章虽经过反复校验,可还是有纰漏之处,希望茅大人能加以指出。诚心希望茅大人能采纳我的文章!"这么诚心写作,我当然会认真阅读,帮助他修改了一些问题,第一时间帮他刊登。自此以后,小陈对数学的热情越来越高,数学课堂的表现也越来越积极,自我期待也不断提升,后来顺利进入了本区最好的高中就读。

九年来,"趣动数学"之小论文写作,赋予我和学生积极看待世界的能量,读数学、读自己、读世界,以阅读和写作,链接未来,对接成长。

"教育是一首诗,诗的名字叫未来。"是教育,让漫漫岁月充满希望和挑战;是数学,给平淡生活带来浪漫和芬芳。让我们把思考带进课堂,用写作沟通心灵,用激情照亮我们的教育人生。

茅雅琳,中学高级教师,南通市海门区东洲国际学校办公室主任。2013年开始加入新教育实验，在班级管理和学科教学中努力践行新教育十大行动。自主研发的班本课程《绽放最美的自己》和学科课程《趣动数学》获海门市卓越课程特等奖，2016年获评全国新教育实验先进个人，所带雏鹰班被评为新教育实验2020年度全国十佳完美教室。致力于教学科研，倡导"趣动数学"教学主张。2019年获江苏省"领航杯"信息化教学能手大赛一等奖，2021年度获江苏省教学成果二等奖。

### (三) 写作书写教师的生命传奇

对于一个教师而言，他的写作史，在某种意义上讲就是他的教育史。美国心理学家波斯纳（Posner）对教师成长的影响因素进行研究后，提出了教师的成长公式：成长＝经验＋反思。写作有助于教师在日常教育生活实践中以一种自觉的、超越的、批判的方式，以敏锐的洞察力和高度的思辨力对教育生活和教育经验进行再叙述，从而改进自己的教育行为，提高教育的效率和品质。

加拿大学者马克斯·范梅南在《生活体验研究——人文科学视野中的教育学》中写道："写作，其实就是对教育现象的一种解释，当这种解释上升到反思阶段，形成具有一般性指导作用的价值取向并指导教师的行动时，便成了实践性知识。"[1] 范梅

---

[1] 马克斯·范梅南. 生活体验研究——人文科学视野中的教育学. 宋广文，等译. 北京：教育科学出版社，2003.

南提倡通过真实的叙事来研究教育，叙事者既是故事的记录人，也是故事的主人公，还是对这个故事进行反思的研究者。在这方面，儿童教育家李吉林老师堪称模范。她一生没有离开教育教学一线，却创立了情境教学、情境教育理论与学派，40年间发表文章350余篇，出版专著和相关书籍28部。李老师从一个"让学生瞧得起的老师"最终定格为一个"让历史铭记的老师"，与她经年累月的反思写作有很大的关系。江苏省苏州市吴江经济技术开发区长安实验小学副校长、特级教师管建刚每天下班后用半小时记录一天的生活，寒暑假则用来整理书稿，20年的时间居然写了20多本书。从农村中心小学的普通老师成长为国家万人计划特殊支持领军人才。他深有体会地说："教育写作成就教师不是神话、不是承诺，而是一定会成为现实的精彩！"这里我们也读一下他的成长故事：

## 20年20本书

2002年暑假，那年我30岁。我在屯村中心小学教书，接触到了"教育在线"，接触到了新教育，更有意思的是，读到了时任苏州市副市长的朱永新老师的《"朱永新成功保险公司"开业启事》的帖子，说每天写一篇千字文，10年后没有不成功的，不成功可以找朱市长"算账"。

这对我来讲太有吸引力了，因为朱老师就是我们苏州市的副市长啊，我们分管教育的副市长难道会说话不算数？我这样想着就写了起来，写了就发在"教育在线"论坛上。

我写的多是学生写作文的故事。写了一年多，2004年，"教育在线"联系我说要出一套丛书，可以出一本我的作文教学故事。这下，我的写作热情更高了，到了2004年暑假，书稿完成了；2005年1月，我的第一本书《魔法作文营》在"教育在线"丛书中出版了。

如果说"朱永新成功保险公司"点燃了我的写作热情，那么第一本书的出版就是真正燃烧了我。我当时就想，既然出版了一本书，那就能出版第二本、第三本，这辈子要完成三本书。

我没有想到，一个人的潜力居然那么大，2006年我出版了《不做教书匠》，2007年出版《我的作文教学革命》，三本书的梦想在我35岁时就实现了，2008年我又评上了特级教师。我的成长跟"教育在线"、跟新教育、跟"新教育写作"密不可分。

评上特级教师后，我的梦想变成写10本书。当时我也被自己的想法吃了一惊，身边的人可能都认为我"吹牛不打草稿"吧。朱老师有一本畅销书叫《新教育之梦》，教育要有梦想，人生要有梦想。我的梦想万一真的会实现呢？

我所在的学校16：30放学，每天17：15—17：45这半小时是我记录的时间。寒暑假则是我整理书稿的时间。2009年我出版了《一线教师》。2010年出版了"管建刚作文教学系列"的《我的作文教学主张》《我的作文教学革命》(第二版)《我的作文教学故事》(也就是《魔法作文营》)三本。2011年出版了《我的作文训练系统》，2012年出版了《我的作文教学课例》，2013年出版了《我的作文评改举隅》和《教师成长的秘密》，2014年出版了《我的作文教学六讲》和《一线表扬学》……

"行动就有收获，坚持才有奇迹"，10本书的写作、出版的梦想居然在我40岁出头就完成了。要知道，我的父母是农民，我母亲不识字，我父亲上过一个学期的学，小学到初中，我们家没有一本课外书，这样的写作成果连我自己也想不到。

这个时候，我又有了新的梦想，我想，退休前我应该要完成20本书。我还是坚持每天半小时的写作和记录，在寒暑假整理书稿。2015年，我出版了《管建刚和他的阅读教学革命》。2016年出版的《和女儿谈》，是我的"新教育家庭写作"，是我写给女儿的信。这一年我还出版了《我的全程带班录》四年级版、五年级版、六年级版，共三本。2017年出版《我的语文观》和《我不是班主任》，2018年出版《一线带班》和《我的下水文》。2019年出版了《指向写作：我的9堂阅读课》《我的作文教学革命》(答疑版)。

就这样，20本书的目标又完成了。我现在不知道这辈子还能写几本书，我只知道，心有多大，舞台就有多大。我只知道，"行动就有收获，坚持必有奇迹"。

从2002年到2022年，20年里我出版了20多本书，我从一名农村中心小学的普通老师逐渐成长为特级教师、全国优秀教师、正高级教师以及国家万人计划特殊支持领军人才，最令我难忘的却还是20年前那个《"朱永新成功保险公司"开业启事》的帖子。

二十年磨一剑的坚持对于个人成长是如此重要，"教育写作成就教师"不是神话、不是承诺，而是一定会成为现实的精彩！

我们工作室的老师，也都在新教育写作的感召下，行走在教育写作的路上——樊小园和倪建斌的《作文革命：你应知的12个细节》，范天蓉老师的《我的作文教育故事》，徐栋老师的《管建刚：作文教学12问》，潘非凡老师的《作文：教在"学"的起点上》，贾凤莲老师的《画中有画——低年级作文起步探秘》，杨晓的《作文革命：改变学生的18个教育故事》，田希城老师的《班级管理中的"经济学"》，薛卉琴老师的《你不知道的留守儿童》，范天蓉老师的《范老师教你写心理》，山东曲阜田家炳小学的《我们不怕教作文》，还有徐栋和钱海燕即将出版《写话教学10问》，张登慧老师即将出版《下辈子还教作文》……

樊小园即将出版《教师写作和教育奇效》。她的学生说每个星期樊老师要求我们写一篇500字的作文，而她自己写一篇1000字的作文。樊老师的教师写作不只改变了学生的作文，更改变了班上一个又一个让人头疼的学生。每个星期樊老师都会写一个后进生，发现他身上的闪光点，郑重其事地刊发在《班级作文周报》上，樊老师创造了"没有家庭作业，考试依然第一"的神话，这些都跟她的教师写作分不开。

新教育写作"行动就有收获，坚持必有奇迹"，这句话道出了我20年来走过的写作路。"做得精彩才写得精彩"，这是我反复跟我们团队说的话。不知不觉中，新教育写作的思想和理念，已经如此深刻地影响了我。

管建刚，江苏省特级教师，正高级教师，全国优秀教师，国家万人计划特殊支持领军人才，吴江经济技术开发区长安实验小学副校长。2002年遇见教育在线，遇见新教育，笔耕不辍，先后出版了《家常课十讲》《家常课对谈》《一线带班》《一线表扬学》等20多本专著。目前担任新教育儿童写作研究中心副主任。

写作不仅仅是语文老师的事情。常州星河实验小学庄惠芬校长就是通过写作成长起来的。她多年来坚持不间断写作，连续20年参加江苏省"教海探航"征文比赛，先后获得一次特等奖、七次一等奖、两次二等奖和四次三等奖，先后被评为江苏省特级教师、江苏省人民教育家工程首批培养对象，并出版《站起来的儿童数学》等专著3部。最近她还领衔编写了新教育的数学读本《数学欢乐谷》。

总之，新教育写作改变了教师的行走方式，当写作成为教师生活中的一部分时，这也意味着他们会保持一份敏感，随时留心、充分关注生命中的故事及其细节,意味着对自身生活的不断探问、反思和意义观照成了生活的常态。一些教师通过新教育写作成为儿童文学作家或者儿童研究专家,已经成为新教育的一道美丽风景。

# 第三章　新教育写作的理论构建

新教育一直高度重视写作，探索写作的新路径、新策略，可以说，新教育的十大行动都与写作有关，特别是其中的两大行动"师生共写随笔""培养卓越口才"直接涉及写作，前者偏重书面语写作，后者则偏重口语写作，此外，我们提倡的教师专业写作，也是新教育的重要举措之一。在长期实践探索中，我们已经初步构建了新教育写作的五大理论基础，即新教育写作哲学的对话存在论、新教育写作文化的多元文化论、新教育写作心理的整体联动论、新教育写作语言的语用表达论以及新教育写作成长的生命叙事论，下面逐一阐述。

## 一、哲学基础：对话存在论

语言具有存在论或本体论的意义。海德格尔在《语言的本质》一文中曾引用诗人斯退芬·格奥尔格《词语》最后一句诗警示世人："语言破碎处，无物存在。"①因此，从这个意义上，我们可以说：写作即存在。就像笛卡尔说"我思故我在"一样，我们也可以从存在论的高度说"我写故我在"。

"生存"与"存在"在英文里其实是一个词，也即 existence。而哲学意义上的"存在"、"生存"与"生活"有着同质关系。生活是人置身于其中的、活生生的、有意义的特别是创造性实践的世界，这同样适用于对存在的理解。生活，或者说存在，具有作为写作源泉的本体意义。这里，我们想进一步沿着存在——交往——对话的内在逻辑，生发出新教育写作的对话存在论。

存在的本质是实践，那实践的本质是什么？是交往。一切形态的实践一开始就表现为双重关系，一是主体与客体的对象关系，二是主体间的社会关系或交往关系。即使看上去纯粹的个人行为，哪怕是精神行为，在本质上也是社会的。

交往的本质是什么？是对话。对话在语言学观点中可以解释为"两个或更多的人之间的谈话"抑或"两方或几方之间的接触或谈判"②。对话在社会学与文化学的观点中是指"一种交往和互动、沟通和合作的文化，是与民主、平等、理解和宽容联系在一起并以之为前提的文化。"③没有对话，就没有理解，人的社

---

① 马丁·海德格尔. 在通向语言的途中. 孙周兴，译. 北京：商务印书馆，2015：130.
② 中国社会科学院语言研究所词典编辑室，编. 现代汉语词典第5版. 北京：商务印书馆，2007.
③ 张增田，靳玉乐. 论新课程背景下的对话教学. 西南师范大学学报（人文社会科学版），2004（05）.

会交往、交互关系就失去了彼此沟通的最基本也最重要的桥梁，进而人的社会存在与本质也无法得到确证与显现，人就成为孤独无依乃至空洞抽象的存在。可见，对话不仅揭示了语言的社会本质，也揭示了人的社会存在的本质。

海德格尔曾经说过："人之存在建基于语言，而语言根本上唯发生于对话中。"① 在哲学方法中，狭义上的反诘法也是一种盘问或反驳的对话形式。苏联著名符号学家、结构主义符号学的代表人物巴赫金在研究马克思主义存在论哲学与语言哲学思想的基础上提出了影响深远的"对话理论"。巴赫金曾深刻地指出："人的存在本身（外部的和内部的存在）就是最深刻的交际。存在就意味着交际。"② 同时指出："存在就意味着进行对话的交际。"③

我们在讨论新教育的使命时，曾指出新教育就是"与人类的崇高精神对话"。④ 在揭示新教育阅读的本质时，我们也指出，新教育阅读都是"与历史上伟大人物之间的对话"。⑤ 例如阅读

---

① 海德格尔. 海德格尔选集（上卷）. 孙周兴，选编. 北京：生活·读书·新知三联书店，1996：315.
② 巴赫金. 巴赫金全集（第五卷）. 钱中文，译. 石家庄：河北教育出版社，2009：377-378.
③ 巴赫金. 陀思妥耶夫斯基诗学问题. 白春仁，顾亚铃，译. 北京：生活·读书·新知三联书店，1988：343.
④ 朱永新. 新教育. 北京：文化艺术出版社，2010：38.
⑤ 朱永新. 新教育实验二十年：回顾、总结与展望. 华东师范大学学报（教育科学版），2021（11）.

苏格拉底，代表了与一位30岁左右在青年人之间身影活跃的智者的对话；阅读柏拉图，代表了与一位40岁之后在学园中漫步沉思的长者的对话。① 柏拉图曾表示过，写下来的文字和真实思想之间是有距离的。由此他推崇口传并批判书写，主要以对话录与口传的形式向学生传授他的思想。② 这种游戏写作的态度在柏拉图的书写批判理论背景下形成了理解柏拉图文本的图宾根学派的"未成文说"。从图宾根学派的"未成文说"中，我们看到了对待哲学写作的一种游戏写作的态度，他们试图在文本的形式特征之外建构柏拉图的思想体系，通过思想线索追溯学园中的"奥秘"，从而完全忽视了对话文本的文学性和戏剧性。

通过上述分析，我们赋予了新教育阅读"对话"的存在论地位。可以说，新教育写作同样是一种存在论（尤其是语言存在论）意义上的对话。所不同的只是，阅读对话将物化形态的精神产品内化到我们的心理世界，而写作对话则是将我们的心理世界外化为物化形态的精神产品。

钱理群先生曾提出过写作即对话的主张。他说："作文就是对话，是与'他者'（他人、社会、自然）的对话，也是和自己的对话，即所谓自言自语。"③ 新教育写作不局限于与自然、社会和

---

① 李若愚. 治疗灵魂的哲学方法. 济南：山东大学，2020.
② 周采. 柏拉图的未成文学说与书写批判及其教育意义. 清华大学教育研究，2011（01）.
③ 钱理群. 对话与发现——中小学写作教育断想. 教师之友，2004（12）.

自我对话，也有与历史、文化（特别是书籍）的对话，对话广泛涉及与生活世界中共时性的人、事、物等，以及历时性的过去、现在与未来的相遇与晤谈。新教育写作的对话是存在论意义上的，是写作者与生活世界彼此建立相互依存、观照、吸纳、应答、理解、充实、融合的对话关系或交往关系，在与天地万物的对谈和咏叹中，"让一切说出话来"（福柯语），在语言中显现人的存在意义与价值，缔造和丰富幸福完整的生活，享受它给予我们的快乐。

## 二、文化学基础：多元文化论

写作的载体是语言，语言是一种文化现象。20世纪60年代起，一些文化学家和文化人类学家开始有意识地研究起教育与文化的关系，催生了教育文化学的创立。教育文化学将教育置于一个文化背景下去考察研究，把教育视为一种文化传递活动，探讨教育与文化的相互关系。在教育文化学的宏观研究视域中，包含和指向的文化现象和文化形态广泛而复杂，既包括了文化传播、文化冲突、文化整合、文化变迁等文化现象，也包含学校文化、教师文化、学生文化、课程文化、传统文化等具体的微观文化形态。①

---

① 郑倩芸. 教育文化学视域下高中语文阅读教学的信息化教学设计研究. 桂林：广西师范大学，2018.

当我们旗帜鲜明地提倡母语写作的时候，必须知道我们所说的"母语"究竟有怎样的文化特质？我们是否真正在亲近母语、使用母语？这其实是一个十分复杂的问题。从白话文运动兴起以来的一个多世纪里，母语及母语写作的文化之争，它所涉及的东方与西方、科学与人文、传统与现代等等问题，随着全球化的进一步加剧，此起彼伏、愈演愈烈，至今仍然困扰着人们。

对此我们抱持一种中道圆融的立场。这里我讲三点基本认识。

首先，母语写作要认清母语的民族特性，追求科学精神与人文精神的统一。

什么是母语？这里先以我们使用得最多的汉语为例。汉语母语与英语、俄语、西班牙语有很大的不同。王力先生早就说过："就句子的结构而言，西洋的语言是法治的，中国的语言是人治的。"[①] 所谓"法治"，主要指西语的科学性，"人治"则是指汉语的人文性。汉语表达的确非常灵活而自由，语意、语用高于语法，具有重情境、重具象、重神韵、重意会、重诗趣、重虚实等人文特性。文化语言学家申小龙先生把人类语言分为形态语言与非形态语言。印欧系的语言是形态语言，形态变化丰富、结构规则森严。汉语则是一种非形态语言，"没有形态的曲折变

---

① 王力. 王力文集（第一卷）. 山东：山东教育出版社，1984：35.

化，词语块然孤立，以意相合"。①

其次，母语写作应当承担记录民族生活、书写民族文化、讴歌民族灵魂的神圣使命。

"同一个民族，就是用同一种语言书写每个生命的不同故事。""对于中国人而言，以汉语为主体的汉语文字以及以儒家精神为主体的文化就是我们的元语言，是我们的存在之家。我们生命的成就，取决于对这一语言的理解、接受、传承与创新。"② 母语写作是一种民族身份的自我认同，是民族文化自觉的重要表现。母语写作以独特的文化观照方式和母语表达方式生动记录自己民族的人物事件、童年即景、乡土记忆、民俗风情、生活世相、历史变迁、民族精神、思想方式等等，对于保护、传承和发展民族文化，具有极为重要的作用。我国现当代文学史留下鲁迅、茅盾、沈从文、丁玲、冰心、赵树理、周立波、刘绍棠、贾平凹、孙犁、莫言、汪曾祺、史铁生等作家精彩纷呈的本土文化佳作。这些作家不仅是运用母语写作的典范，而且也是本土文化灵魂的代表，应该从他们的作品中汲取母语表达和本土文化的丰富营养。

再次，母语写作需要国际多元文化认同和全球化视野。

在全球化、文化同化的背景下，母语写作的民族性与它的现代性、全球性应当并行不悖。汉语本来就有极大的包容性，在

---

① 申小龙. 语文的阐释. 沈阳：辽宁教育出版社，1991：449.
② 朱永新. 新教育年度主报告. 武汉：湖北教育出版社，2014：115.

与外来文化、现代文化的交流中融汇、滋生着大量的外来词和新生词（包括网络语汇），及其承载的文化理念，应该以开放、包容和理性的姿态加以甄别、反思、抉择，融入我们的语言文化中去，用它去反映我们在现代化、全球化进程中面临的各种前所未有的矛盾、冲突、挑战（如生态破坏、物欲横流、娱乐至上、人性异化、文化殖民、信仰危机等）以及我们的命运抉择，为包括母语在内的民族文化注入新鲜血液。

## 三、心理学基础：整体联动论

目前，在中学生群体中存在"谈作文色变"的现象。而从教育现状来看，作文在中考和高考中占了相当高的分值，大概占了语文试卷分值的40%和总分的10%，比例之高不容我们轻视。写不出好的作文学生会得不到好成绩，语文老师也不会有高质量的教学。①

写作是一种精神活动，它的过程无疑受多种心理因素的影响和支配。关于写作过程的讨论，我国现代写作学大体经历了以"文章论"为中心，到以"构思论"为中心，再到以"非构思论"为中心的嬗变。传统以文章论为中心的写作学尽管也涉及写作的心理因素，但都是围绕文章构成因素如绪论、题材、主题、

---

① 杨清鹏. 基于中学生心理特点的作文教学策略研究. 兰州：西北师范大学，2013.

结构、表达、语言、修改和文风（俗称"八大块"）展开。后来写作学由文章论转向文章的写作过程本身，并产生了影响很大的"构思论"写作学。它围绕写作"构思"这一中心环节描述写作过程。叶圣陶说，写作绝不是无中生有。必须有了意思才动手写，有了需要才动手写。没意思，没需要，硬找些话写出来，这会养成不良的写作习惯，而且影响到思想方面。① 马正平教授的"非构思"写作过程论突出了写作过程的非理性心理，如激情、兴趣、灵感、直觉、神秘感等因素的动力作用，以及写作的自然（自组织）"生长"机理，它将写作思维（构造思维）与写作行为（行文）统一起来描述写作过程。在《高等写作学引论》一书中，马正平教授提出"思维即表达，表达即思维"的命题。他指出："构思论写作学认为，构思（构造性思维）和行文传达是两个前后相续的写作环节，构思是构思，行文是行文，构思是思维，而传达行文则是语言活动。非构思写作学认为，写作行文的过程就是写作思维的过程，写作思维技术及其思维成果的生成过程，也就是写作书面语言的生成过程。"②

无论是文章中心论，还是构思中心论，抑或非构思中心论，其实都从不同维度揭示了写作过程的精神本质，都可以用心理学的原理来解释写作全过程从写作发生到产品形成的内在肌理。例如认知负荷理论在写作中的运用，通过呈现样例教授认知技

---

① 石义堂. 初中语文课堂的有效教学. 北京：北京师范大学出版社，2007：77.
② 马正平. 高等写作学引论. 北京：中国人民大学出版社，2011：235.

能的同时，需要留给学习者足够的时间独立思考问题。在这一过程中，学习者进行了更多的独立思考与自我解释活动，这有助于加深学习者的学习。写作和构思的过程也是一个独立思考与自我解释的过程，这一过程全方位地呈现了整个写作过程的心理活动，每一个心理活动都不是孤立的，而是整体联动的，所以称为写作心理的"整体联动论"。

《毛诗序》里说"情动于中而形于言"。说的虽然是写诗，其实适用于全部的写作过程。"情动于中而形于言"，把写作简洁清晰地分为两个不可分割的环节：一是"情动于中"的驱动阶段、发生阶段和孕育阶段；一是"形于言"的表达阶段、运思阶段、外化阶段。这是写作过程的最简单、最原始的"细胞"，也是写作过程的"逻辑起点"。它会发生在儿童最初表达诉求、喜怒的天籁之声之中，也表现在劳动者伴随劳动时发出的情绪宣泄中。

当然，在各个不同语境中的写作心理过程并非仅仅都是从"情动于中"到"形于言"这样一个单纯的先后递进过程。写作心理过程是一个充满生命活力的动态系统，就好似一个充满美学魅力与神韵的"圆锥体"，所以，我们所倡导的写作心理整体联动论，也可以形象地叫做"写作圆锥论"。

"写作圆锥论"揭示了新教育写作过程的两个基本事实：一是写作过程不是平面的，而是立体的；二是写作过程不是线性的，而是螺旋性的。

写作"圆锥"的横切面由上面所说的"情"与"言"这两个动

态循环运行的核心元素构成，它们伴随写作过程的演进，由核心向边缘漪沦式扩展，展现写作心理不断成熟的"生长轮"，比如，"情"可扩展为无意识冲动、欲望、兴趣、需要、动机、情感、灵感等激发写作的心理驱动因素；"言"（包括说与写）则可扩展为伴随行文的感知、记忆、想象、思维、言语等推进写作的心理活动因素。这里，我们原则上认同马正平教授"非构思写作过程论"所主张的"写作行文过程就是写作思维过程"的观点，同时也吸纳"文章中心"和"构思中心"写作过程论的一些积极主张。我们认为，写作过程的"情"与"言"所涉及的所有心理因素你中有我、我中有你，相互促进、相互渗透，呈现出整体联动、循环往复、螺旋行进的关系。

　　再来看看写作"圆锥"的纵切面。它生动展现圆锥横切面的"情"与"言"在写作过程中由低到高、拾级而上的层次与水平。例如，写作动机有不同层次，依照马斯洛的动机或需要层次理论，个体的写作动机可能出于生物需要、安全的需要，也可能出于归属和爱的需要、尊重的需要，甚至出于更高远的自我实现的需要。情感有情绪、情感、情操、情怀等不同层次，它们决定着写作的趣味与格调；思维有动作思维、知觉思维、逻辑思维（又有形式逻辑与辩证思维）、哲学思维等不同的层次，它们影响着写作意蕴与理趣的高度和深度；意识有无意识（潜意识、梦）、自觉意识、超意识（如神秘意识、信仰意识等），它们对于写作所表现的风韵与内涵也有不同的作用。如此等等，越朝向

"锥"的顶端，写作水平就越高。

总之，在我们看来，人是天生的"符号动物"，表达与表现是人最伟大的禀赋，人的语言潜能是任何一个物种都无法比拟的。语言符号是人类所特有的，在班杜拉的社会学习理论中，被称为言语编码系统。它所遵循的内在机理是个体的心理发展，在儿童期主要通过表象系统储存来观察学习，个体的言语编码能和表象系统对应，在言语符号的刺激下，视神经系统呈现在大脑中的画面便被唤醒，这维持了个体对周遭发展变化的完整性与持续性认识，并使个体产生相应的适应型、组织型等更为复杂的心理活动。言语符号是由人类的进化与劳动生产方式改变而产生，数万年的进化产生了各个种族间系统完善并运用自如的言语编码，这种编码延长与丰富了社会活动中世代积累的智慧与成就。揭示写作过程的秘密，就是为了要激活我们心灵世界中的各种语言表达潜能，使之成为绽放我们精神生命之花的美好现实。

## 四、语言学基础：语用表达论

写作离不开语言的使用，这个过程的本质就是古人所说的"修辞"，从这个意义上我们可以说："写作即修辞。"修辞用今天人们更为流行的一个词来讲，就是"语用"。因此我们也可以说："写作即语用。"

语用，通俗地讲，就是在一定语境中对语言的具体使用，它聚焦的不仅是"语言"，更主要是"言语"的行为。在具体的语境中使用语言时，我们必须考虑到语言的意义、意义的表达方式，以及使用语言的效果。在特定语境中使用语言，语言就不再是静止的、意义明晰的固定语词、短语、句子，而是成为遣词造句的运思与表达过程，语言使用与交际的单位，就从语词、短语与句子的表达转化为叙述、祈使、命令、抒情、论辩等有组织的系统语言行为，原先意义确定、明晰的语词、短语和句子在不同语境中就表达不同的语用意义。这样一来，写作的"修辞学"也就转向"语用学"（Pragmatics）。语用学综合修辞学、语法学、逻辑学乃至符号学、心理学、文化学、社会学、美学的知识，成为一门综合性的实用学科。

　　语用学的概念最早在20世纪30年代，由美国逻辑学家莫里斯和卡纳普基于以下的事实提出：人们在交谈过程中，客观现实通过人的认知转化为主观的信息必须有一套系统的语言，才能满足交际的需要。1938年莫里斯出版的《符号理论基础》一书中，提出符号学的三个组成部分：符号关系学、符号意义学、符号实用学。语言文字则是最常见的符号系统，后人将莫里斯的符号学观点引用到语言学中，产生了句法学（语法学）（Syntactics）、语义学（Semantics）和语用学（Pragmatics），形成"语言研究三个平面"。[1]20世纪70年代召开的以"自然语言的语用学"

---

[1] 郭晶．语用学视野下中学鲁迅作品教学研究．大连：辽宁师范大学，2019．

为主题的国际学术研讨会，使得语用学的发展取得突破性进展。1977年《语用学杂志》在荷兰创刊，标志着语用学成为一门独立学科。1986年国际语用学会成立，语用学的地位被国际学术界正式认可。

语用学的核心概念就是语境和意义。语用学所指的"意义"不单纯是传统语言学所说的语言文字本身字面的、固有的和静止的含义，而是语言在一定的语境中使用时所蕴含的具体意义。"语境"也不单纯指狭义的"上下文"，指的是一个句子在更大的语言段落中的位置，并且也包括语言使用和交流的特定时间、特定场合、特定话题、特定情景、特定人际关系以及交流者对现实的认识和信念、过去的经验、当时的情绪等。

关于语用学的理论，目前大多数学者看法基本一致的主要包括语言环境（语境）、言语行为、语用规则、指示信息、语用预设和话语结构六个理论。新教育写作借鉴语用学理论，提出在适宜的对话语境中表达丰富生命意义的"语用表达论"。

清末启蒙思想家严复曾针对外文翻译的语言要求，提出"信""达""雅"三原则。受其启发，我们提出新教育写作的三点要求：

(1)"诚其意"：表达的伦理

《易经·乾卦·文言》上说："君子进德修业。忠信，所以进德也；修辞立其诚，所以居业也。"大意是君子忠于使命、言而有信，可以增进美德、修行功业。在这里，修辞是为功德的修为服务的。它提出了一个重要的修辞伦理问题，语言表达的基本伦理是"诚"。

亚里士多德在《修辞学》中提出说服论证的三种方法：道德（性格）感染力、情感感染力和逻辑（理性）说服力。道德（性格）感染力包括作者的人格和善意，对论述的话题的了解和对读者的关怀。可见，西方修辞写作也有"立其诚"的伦理诉求与传统。

"诚"作为修辞伦理，同时也作为一种见证人格的道德底线、道德责任、道德操守和道德担当，表现的是诚实、诚信、诚恳、诚敬、诚恕、诚挚等价值立场与情感姿态。所以，"言必信"（《论语·子路》）、"言忠信"（《论语·卫灵公》）、"敏于事而慎于言"（《论语·学而》）、"君子耻其言而过其行"（《论语·宪问》）、"仗义执言"（冯梦龙《警世通言》卷十二）、"文所以载道"（周敦颐《通书·文辞》）、"文如其为人"（苏轼《答张文潜书》）等等，都是"立其诚"的表现。叶圣陶先生在《谈文章的修改》中说："想得认真，是一层。运用相当的语言文字，把那想得认真的心思表达出来，又是一层。两层功夫合起来，就叫做'修辞立其诚'。"相反，言不由衷、夸大其词、巧言令色、口是心非、套话连篇、胡言乱语、百般狡辩、文风艳冶、粉饰太平……都是违背"修辞立其诚"的基本伦理的，应当力戒或克服。

（2）"达其辞"：表达的真谛

孔子有一句名言："辞达而已矣。"（《论语·卫灵公》）清朝学者潘德舆在《养一斋诗话》中称："'辞达而已矣'，千古文章之大法也。"新教育写作要做到"辞达"，即"达其辞"，首先，要在写作中建构特定的语境或情境，体现语言文字表达与语境的契合，因为汉语需要通过语境来传达意义；其次，要言之有物，并真实、准确、流畅地表达意义；三要合乎语法，讲究逻辑，正确选择使用各类适宜的文体及其格式。

从写作教学角度出发，可通过语用学视角建构作文教学的语用学策略，以提高学生写作的学习效率，解决学生学习写作过程中遇到的问题。① 学生的作文考查以材料作文与话题作文为主，其难点在于怎样抓住材料的中心点并进一步深化。学生面对陌生的作文材料时，困难在于不能快速将材料与已有认知产生关联，营造出具体的言语使用环境，确立述说对象，明白表达内容。教师在这一过程中，需要训练学生"关联已有认知，构造具体的言语使用环境"的能力，使学生习得作文审题的语境策略和关联策略，帮助其提高审题立意的水平。②

(3)"美其文"：写作的艺术

写文章要追求形式和内容的完美统一，做到文质兼美。朱熹在《论语集注》中说"夫子美其文而从之"。"美其文"应成为新教育写作语言美学意义上的追求。

如今，"文"的含义更加丰富了。它当然包括陈望道先生在

---

① 罗绍和. 中学作文教学的语用学策略研究. 重庆：重庆三峡学院，2020.
② 罗绍和. 中学作文教学的语用学策略研究. 重庆：重庆三峡学院，2020.

《修辞学发凡》中总结出的各种各类的辞格，如"材料"上的譬喻、借代、映衬、双关、拈连等，"意境"上的比拟、讽喻、夸张、婉转、避讳等，"词语"上的析字、飞白、省略、警策、回文等，"章句"上的反复、对偶、排比、层递、顶真、倒装等，但"文"又不局限于此，而是包括了在极为丰富的语境中运用的声律音韵、遣词造句、谋篇布局、文章体裁、叙事模式、写作风格等等在内的全部语言创造策略与技巧，我们应该学会用凝练的语言文字，或说明、或推介、或记述、或描绘、或抒情、或议论……创造出令人赏心悦目的"有意味的形式"（克莱夫·贝尔语），谱写充分反映我们幸福生活、既观点鲜明又文采斐然的文章。

## 五、教育学基础：生命叙事论

生命叙事一直是新教育呈现榜样力量的重要方式，在新教育年会、实验区工作会议、国际高峰论坛及各实验校区的新教育研讨会、现场会、开放活动中，生命叙事环节已成为一种惯例，一种新教育的独特话语方式。我们在这个基础上将生命叙事发展成为一种具有教育学意义的写作原理。

在国外，叙事（narrative）的含义非常丰富。它既是文学创作的一种策略，也是心理学（叙事心理学）、历史学（口述史学）、教育学（教育叙事学）等学科的一种研究范式。但不管怎样,"叙事"的一个基本含义,通俗地讲,就是"讲故事"或"写故事"。我们从孩提时代开始,就一直伴随着故事成长,人类在它的"童年"时代,也是在大量的神话、传说故事中开启它发展进程的,个体和人类的历史(history,拆开来就是"hi, story",意即"嗨,故事")就是由许许多多生动的故事或叙事编织起来的。故事帮助我们认识生活世界,甄别是非善恶,保存历史记忆。故事是我们赖以成长的博物馆、图书馆、照相馆,我们从中提取珍贵的信息,加以整理编排,用语言文字等有序地呈现、叙述出来,这就是"叙事",它是人类或个体展示、反思和表达自我的基本方式。

新教育提出的"生命叙事论"是一种聚焦教育场域中与学生、教师等生命成长相关的叙事或写作主张。新教育写作的生命叙事有两层含义:首先,它强调生命活动本身就是叙事性的。新教育认为,"生命就是书写一个故事(叙事);教育就是让每个人有省察地书写自己的生命故事;从事教师职业就是把教育作为自己故事的主旨,并用生命最大段的篇幅来展开与书写。"[①] 其次,生命叙事就是讲故事,就是写作。"故事"构成"叙述"的内容,"叙述"赋"故事"以生命的意义。新教育写作就是这样一种生命叙事,就是以语言文字为主要载体叙述自己的生命故事,包括教师的生命经历、生活经验、生命体验、生命感悟和

---

① 朱永新. 新教育年度主报告. 武汉:湖北教育出版社,2014:115.

生命追求。

新教育认为，生命叙事应包含语言密码、生命原型、生命遭遇三大要素，这些要素构成了生命叙事的内在意义和外在风格。

**第一，语言密码。**新教育认为，语言的选择与认同是生命叙事的基础。语言不仅具有工具性特征，同时也是文化最重要的传播载体和表现形式，是文化的一部分。语言背后实际上是价值观念、思维模式、审美取向、文化理念的集合。语言密码不仅构成了生命叙事的外在风格，同时也构成了生命叙事的内在文化特征。

**第二，生命原型。**生命原型是生命叙事的内在动力和精神方向。新教育认为，无论是自觉的还是无意识的，每一个人的生命叙事的背后都有其生命原型，即目标与榜样。生命有限，要想在短暂的人生旅途中撰写不一样的生命传奇，就需要从榜样身上汲取力量源泉，同时一步步以自己的脚印攀登生命高峰。生命叙事就是新教育呈现榜样力量的重要方式。

**第三，生命遭遇。**生命遭遇是指叙事者所经历的各种危机和困境。叙事者以何种态度、何种选择、何种方式来应对挑战，构成了生命叙事的曲折过程，决定了生命叙事的内在价值和意义。如果将生命遭遇看作人生剧本，那么叙事者则是执笔人，人生剧本如何上演，最终取决于执笔人的选择。对教育叙事者而言，教育生命如何发展，最终取决于教育叙事者对自我、对教育、对世间一切的根本信念和态度。

生命是人的基本存在形式，尊重并完善人的生命存在，是一切教育教学行为的基本价值取向。生命叙事必须指向人的生命存在，体现对人的生命存在的关注、尊重，引领"人"成为一个完整、和谐、健康的生命体，这就是生命叙事的生命性。为了演绎生命发展的历程、彰显生命的价值和意义，新教育生命叙事特别重视以下两点：

其一，生动记叙生命的历练与体验。好文章是生命的精华。新教育人的生命叙事是用生命言说的，是生命在场的言说，言说的过程中伴随着清醒、强烈、深刻、细腻、持续的生命体验，能让与文字相遇的人产生"身临其境"的感觉。新教育写作强调在生命叙事中诗意地抒发新教育人对教育的热爱、牵挂、忠贞不渝、一往情深。叙事要有故事，看得出实实在在的做、实实在在的成长和体验。有的人用文字写作，有的人用生命写作。用文字写出的是故事，用生命写出的是人生。新教育的生命叙事，是故事和人生的完整结合。

其二，深情表达对生命价值的眷注。生命体验就是情感体验。作家沈从文说："浓厚的感情，安排得恰到好处时，即一块顽石，一把线，一片淡墨，一些竹头木屑的拼合，也见出生命洋溢。"[①]"教育，这首先是人学"（苏霍姆林斯基语），而作为"人学"的教育，离开了人的情感就失去了生命。新教育的"缔造完

---

[①] 沈从文. 文学课. 成都：四川人民出版社，2019：87.

美教室",就是要让每一个生命都开出一朵花来;新教育的"研发卓越课程",就是要让每个生命都享受适切的课程;新教育的"新生命教育",就是要让每一个生命成为最好的自己。新教育写作始终体现对生命情感、生命意义的深情关注,指向生命的幸福完整、指向生命的全面成长。

新教育写作的生命叙事具有这样几个鲜明的特点:

**一是主体性。**新教育生命叙事强调叙事主体的自我回眸、追忆和反思,叙事记述的生活、他者等等都是与自己休戚相关的,是这种戏剧性交往关系在自己的生命世界中烙下的印记,以及叙事主题的生活经历、情感体验、生命感悟的个性化表达。

**二是价值性。**新教育生命叙事指向最高意义的生命存在,所以要通过对经历的丰富多彩的新教育生活融入完美教室、卓越课程、新生命教育等等的叙事,彰显对于幸福完整生活的价值追求,表达对生命尊严、生命意义、生命和谐的深情眷注。

**三是叙述性。**叙事就是叙述。生命叙事就是叙述生命故事,叙述生命在成长中的丰富经验、切身体验和不断磨砺的故事。因此,新教育写作的生命叙事不主张缺乏内容和根基的"宏大叙事",而是聚焦与个体生命水乳交融的日常学习与教育生活,回到历史的情景之中,重现历史的细节,以小见大,让叙事具有生命的丰盈感和温情感。生命叙事也是用生命来言说,也即生命在场的言说,言说生命行走过程中酸甜苦辣的各种体验,抒发个体对学习、对教育、对生活的热爱、牵挂、一往情深。文章是写出来的，更是做出来的。叙事，就要有故事，有实实在在的成长和体验，这样的叙事才是真正的生命叙事，才能体现生命境界的高度。黄克剑先生说："有的人凭借聪明，有的人诉诸智慧，我相信，我投之于文字的是生命。"

**四是反思性。**新教育生命叙事不仅主张感性的叙述，而且也力求通过对生命成长过程的感性叙述融入理性反思，彰显精神生命的深度。生命叙事不能满足于就事论事一般的报道式记录和罗列，而要通过夹叙夹议的方式讲述生命成长循环往复、螺旋攀登的曲折历程。学生写作如此，教师写作更是如此。例如同样一个故事，把它叙述出来，是一个层次，是前科学的视角；在叙述的过程中，还能用教育教学的原理进行分析，就深了一层，是教学科学的视角；如果还善于从哲学的层面来思考，就更深了一层，是超科学的视角。这样的生命叙事就能给予人一种回肠荡气的感受。

**五是教育性。**新教育的生命叙事用成长故事或教育故事蕴含和显现的生命立场、生命价值、生命理想、生命意志、生命智慧等浸润、濡染受众的心灵，因而具有强烈的教育作用。又由于新教育的生命叙事凸显生命的自我观照、自我体验、自我反思、自我评价，因此，它的自我教育的作用更加明显。

遵循新教育实验的生命叙事论，我们还进一步专门提出了新教育的生命成就论和新教育生命共同体理论，分别对应生命叙事下的教师个人成长和教师共同体成长这两大问题。我想，在这里有必要进行专门的介绍：

**第一，关于新教育生命成就理论。**

终身学习的思想早已蕴藏在老子、孔子、柏拉图、亚里士多德等中西方教育大家的著作之中。直到1972年，埃德加·富尔提出了"终身学习"的概念。在联合国教科文组织等相关国际组织的推动下，终身学习的思想在全世界引起巨大反响，各个国家都开始接纳终身学习思想，并将其作为重要的指导性教育理念。1995年《中华人民共和国教育法》提议"建立和完善终身教育体制"。2020年中共中央、国务院印发了《深化新时代教育评价改革总体方案》，在总体要求中提到"推动构建服务全民终身学习的教育体系"。

新教育认为，最为便捷且有效的终身学习方式是阅读和写作。新教育极其重视阅读，也极其推崇写作，阅读和写作是成就人生的双翼。写作承载育人功能，能对学生进行"文德"的培养，学生的"文德"发展应纳入日常的课程之中，落实到教学过程中的每一个环节。新教育拒绝教育的短视行为，我们着眼人的未来、民族的未来、国家的未来构想并实施教育行动。新教育生命成就理论既注重个人成就，也注重民族成就和社会成就。一个个向上的个体的成就组合起来不就是民族和国家的成就吗？

"朱永新成功保险公司"受到一线老师们的信赖，不是真的有老师去投保和理赔，而是击中了每一位新教育人内在的"生命成就需要"。早在1938年，美国心理学家默里提出了"成就需要"的概念，他认为"成就需要"是人的基本需要中最关键的一项。此后，希尔斯、勒温、麦克利兰、阿特金森等人对这一概念进行了发展延伸，强调"成就需要"是基本需要中的"高标准"，具有强烈的成就需要的人往往具有高度的内在工作动机，他们会为自己确立更高的标准，并且为了实现这一目标，他们对学习和工作都更加积极主动。

作家格拉德威尔在《异类》一书中指出一万小时定律——人们眼中的天才之所以卓越非凡，并非天资超人一等，而是付出了持续不断的努力。一万小时的锤炼是任何人从平凡变成世界级大师的必要条件。[1]"朱永新成功保险公司"不是机会主义，而是"一万小时定律"的中国式表达。每天在"写作"照视下的工作是有质量的工作，每天工作八小时，一周工作五天，"10年保险"下的有质量的工作必然能够达到"一万小时"。只有教师的生命具有了人生的高度，才能更好地引领学生乃至家庭的发展。新教育一直站在成就生命的高度俯瞰写作。

"为了一切的人，为了人的一切"，新教育始终努力为教师、学生、父母创造感受生命成功、体验生命成就的条件，为每一位渴望得到理解、获得认同、追求卓越的新教育人，提供内在的心理力量和外在的人力资源，与同仁一起努力克服教育人生旅途

---

[1] 马尔科姆·格拉德威尔. 异类. 苗飞, 译. 北京: 中信出版社, 2020.

中的种种困难，以获得成功的智力、整合的智慧、高尚的德性、丰富的情感，实现人的"全面和谐的成长"。新教育写作正是在这一理念下的又一次整装出发！

**第二，关于新教育生命共同体理论。**

习近平总书记提出了"人类命运共同体"的概念，指出当今社会要有"共同、综合、合作、可持续的安全观"，要有"公平、开放、包容、共赢的发展观"，要"和而不同、兼收并蓄"。

"人类命运共同体"的"公平、开放、包容、共赢"是新教育走到今天的重要精神力量。新教育经常讲"石头汤"的故事，如果没有开放、没有包容、没有共赢，就没有今天的新教育。新教育倡导的"过一种幸福完整的教育生活"，其完整的表述是"帮助新教育共同体成员（包括学生、教师、父母和教育行政管理人员等）过一种幸福完整的教育生活"。[①] 教育是一个大概念，教育的主体不仅仅是学生，还包括教师、父母等其他相关的群体。新教育强调在教师、学生、父母乃至社会之间形成相互支持、彼此激励的生命共同体。"新教育生命共同体"还可以避免恶性竞争，缓解无休无止的内卷。

不同学校、不同学科、不同学段、认识或不认识的老师所组成的"新教育教师写作共同体"，是新教育写作最靓丽的风景，也是新教育写作最有生命情怀和生命动能的体现之一。同学之

---

① 朱永新. 新教育实验二十年：回顾、总结与展望. 华东师范大学学报（教育科学版），2021（11）.

间、师生之间、亲子之间、同行之间、家庭之间，彼此表达、彼此沟通、彼此理解、彼此体认、彼此成长，新教育写作就是"生命共同体"的写作。《共同体与社会》的作者滕尼斯将共同体分为"血缘共同体""地缘共同体""精神共同体"①。语言是精神的器官、心灵的密码，文字将愿景一致、精神相近的人连接到了一起。新教育写作共同体就是一个精神共同体，文字、思想和心灵就是我们共同的精神家园。

新教育一直希望家庭能共同克服语言沦丧的危险，不再像克里希那穆提警示的那样，"把使孩子幸福的责任推给教师"。新教育特别呼唤家庭写作共同体，像亚米契斯《爱的教育》里记载的那样，一家人通过日记、书信等开展亲子对话，传递母语文化的密码，促进心灵的沟通。父母与孩子不仅是血缘上的一家人、血缘上的共同体，更是精神上的一家人、精神上的共同体，共同建设家庭幸福完整的生活②。"家通天下"，这样的幸福完整的家庭生活，也是实现一个民族复兴的希望，实现一个拥有共同价值与理想的未来社会的希望。

---

① 斐迪南·滕尼斯. 共同体与社会. 张巍卓，译. 北京：商务印书馆，2019：87.
② 亚米契斯. 爱的教育. 张向伟，译. 成都：四川科学技术出版社，2018.

# 第四章　新教育写作的实践探索

面对以泰山压顶之势扑面而来的世界"读写素养发展浪潮",我们唯一能做的是顺应它、融入它、成为它。巴金先生说:"只有写,才会写。"新教育写作的内容与方法也只有在新教育写作的行动中实现丰富和完善。我们期待着越来越多的新教育师生和新父母们听从内心的召唤,以笔为马,在精神世界里突围,寻找有意义的教育国度,相遇于幸福完整的教育生活中。

## 一、新教育写作的内容与方法

### (一)新教育学生写作:用文字搭建成长的阶梯

一直以来,作文是很多学生最怕写、写不好甚至写不出来的"作业"。"一怕文言文,二怕写作文,三怕周树人",这一调侃下的学生写作,装载着满腹的辛酸和满腔的无奈。同时,学生习作普遍存在的"假大空"泛滥、模式化表达、思想苍白等问题，这与习作课程定位不准、目标模糊以及揠苗助长、急功近利等诸多做法有很大关系。当前学生写作的种种流弊，急切呼唤一场深层次的变革，实现作文与做人的有机结合。

### 1. 新教育学生写作的内容

新教育学生写作以学生为写作主体，是学生运用语言文字进行表述和交流的重要方式，是学生认识世界、认识自我、创造性表述的过程。在此过程中，它已经不单纯是一种写作方式，更指向以写作为载体的生活方式、成长形态和创造方法。

新教育学生写作与传统的学生写作相比，概念的范围更广，它不只停留在"作文""作业"的形式上，还倡导依据学生的身心发展特点，将写作融入学校和社会生活的方方面面。如"培养卓越口才"，就是通过讲故事、演讲、辩论等形式，使学生愿说、敢说、会说，从而形成终身受益的自信心、沟通能力和表达能力。"晨诵、午读、暮省"中的"暮省"，就是要求学生每天在完成学业以后，能够思考与反省自己一天的生活，并且用随笔、日记等形式记录下来。此外，新教育实验所倡导的"师生共写随笔"，既要求学生用文字记录成长的履迹、反思自己的行为、倾诉心中的秘密，也鼓励师生之间通过日记、书信、批注等手段，相互编织有意义的生活。可以说，新教育学生写作一直致力于培养学生写作兴趣、挖掘学生写作动力、激发学生写作热情、提升学生写作能力，通过写作让学生感受成长、感受幸福。

## 2. 新教育学生写作的意义

**鼓励学生表达真我**。所谓"真我"是指个体具有独立性、自主性。人类自诞生之日起就在不断地想象着"真我",因此写作的过程,其实也是对"真我"的探求过程。华德福教育创始人鲁道夫·斯坦纳(Rudolf Steiner)认为,每一个儿童的成长过程都是一个奇迹展开的过程,是个体独一无二的个性展现和增长的过程,"真我"是隐藏在个体内的人的体质特征。因此,不管何种写作,不管哪个阶段的写作,表达"真我"都是写作不变的底色。新教育学生写作的过程应该是内部心灵得以显现的过程,是学生个体生命意义通过书面语言展开的过程,它将内隐的情感知识外显化,唤醒隐藏在文字背后的真我。新教育学生写作尊重个性化的语言表达方式,学生用自己的话语自由地表达思想情感,自由地展现个性特征,自由地将观点、态度、看法寄托在字里行间。写作只有能够表达真实自我,学生才能享受自由、生命和成长。

**促进学生人际交往**。写作作为一种社会活动,是表情达意、交流信息的行为,体现着生命的交流与互动,任何人都需要这种"交流性"的写作。按叶圣陶的观点,写作是人达成与他人交流的"嘴巴之外"的又一常用工具。[①] 写作是在嘴巴达不到的地方的延伸,写作是人的另一张重要的"嘴巴"。学生将自己的心声和观点通过文字让同伴、教师、家人,乃至更广泛的社会群体

---

① 叶圣陶. 叶圣陶集(第十五卷). 南京:江苏教育出版社,1993:105.

有所了解，这就是交往。学生不仅是写作者也是读者，既通过文字解释自身，又通过文字倾听他人。在双重身份互动中，学生更容易学会关心、理解和包容，这极大地促进了社会理解与交往。例如互联网时代的文字沟通、线下写作小组的支持帮助，等等，可以说，写作在看不见的地方帮助人们敞开彼此的心灵，超越孤独的状态，促进彼此的交谈。

**帮助学生提升思维。**写作是思维升级之路。写作推敲的是语言，锤炼的是思维。文章思路混乱，实质是思维混乱，写作暴露出来的所有缺陷都可以视为思维上的缺陷。新教育学生写作重视对学生个体思维能力的培养，要求学生具有一定的理性判断和辨别能力。新教育认为，写作的背后是觉察力、敏感力，写作的背后是大量的阅读，是思路的安排、道理的辨析、内涵的深化。写作是一种"文章结构、段落结构、句法结构和字词拼写，所有任务必须一气呵成"的高水平信息加工。[①] 写作考验学生的信息加工能力，强调学生的知识整合能力，这背后实际上都要求思维的清晰、准确，思想的深度、广度和逻辑性。

**激励学生完善自我。**新教育认为，文字是一个人存在的最好见证。世界上绝大多数的科学家、文学家、政治家、思想家、军事家、艺术家，等等，他们的思想大都以文字的形式留存于世。德国人一生有两个追求，一是种一棵树，二是写一本书。

---

① 孙素英，肖丽萍. 认知心理学视域中的写作过程. 北京师范大学学报（人文社会科学版），2002（01）.

这"一本书"就是证明自己来过这个世界，第二代、第三代、第四代都可以经由这"一本书"找到自己的先辈、了解自己的先辈，这给了写作一个足够诗意的期待。新教育追求过一种幸福完整的教育生活。这个"完整"首先是"此生"的完整，然后是"来生"的完整——要通过文字把"此生"保存到下一个世界。新教育学生写作正是见证记录学生时代，充实完善学生自我的最好方式。

**3. 新教育学生写作的特点**

不同阶段的学生有不同的写作。新教育小学生写作重视"真情实感""张扬主观"，新教育中学生写作强调"理性精神""独立思想"，新教育大学生写作关注"专业规范""学术创新"。

**(1) 新教育小学生写作的主要特点**

我国《义务教育语文课程标准（2022年版）》小学阶段学生习作的教学目标，主要就在于培养学生对写作的兴趣，增强写作的自信心；让学生留心观察周围的事物，不拘形式地写下自己的见闻感受，传达真情实感和个人的独特观点。小学生写作不在于立意多大、思考多深，而在于"自我表达和与人交流"。"自我表达"就是说真话、讲真事、传真情。"与人交流"就是说了真话后拿出来与别人交流。新教育小学生写作的基本特点如下：

**自我**。每个人的成长，都从找到真实的自我开始。"找到自己的话"便是小学生写作成长的开端。新教育小学生写作提倡用"自己的话"写"自己的事"。让学生用自己独特的视角去发现这个世界，用自己稚幼的头脑去思考这个世界，用自己真实的笔触、擅长的形式去表达对这个世界的独特感受和真切体验，进而写出新鲜活泼的文章。

**感性**。儿童有一项特殊的权利叫"童言无忌"。我手写我心，我言抒我情，怎么想就怎么写。小学生的作文无所谓对错，甚至无所谓好坏，因为他们的写作是感性写作，是"情绪"写作。他们的喜怒哀乐就是作文，他们的鸡毛蒜皮就是作文。新教育小学生写作"有意思"重于"有意义"，小学生作文的"有意思"就是最大的"有意义"。

**交流**。写作的目的之一在于交流，而交流的目的在于让别人了解你想表达的内容。小学生爱表现，他们心中"藏不住事"，也爱与人分享自己的"小秘密"。新教育小学生写作充分利用这个特点，借助多样的形式及平台，让学生把自己的作品与伙伴、家人、老师交流分享，在交流分享中展现、激励自我。

**养人**。作文就是做人。"说真话、实话"，"不说假话、空话、套话"既是写作的要求，也是做人的要求。很多人不会写作是因为一开始就走上了说谎的路。[①] 这样的错不只是给孩子带来写作本身的问题，还会给他们带来终生的做人问题。除此以外，老师和父母还要善于保存学生的作文、日记等，让学生通过保存天使般的童年来滋养人的一生。

---

① 朱光潜. 谈写作. 北京：北京教育出版社，2014：14.

### (2) 新教育中学生写作的主要特点

我国《普通高中语文课程标准（2017年版）》强调中学生写作必须注重发展逻辑思维，能够辨识、分析、比较、归纳，围绕中心有理有据地表达自己的观点、阐述自己的发现，并形成自己对写作的认识，力求有个性、有创意地表达。在自主写作、自由表达、陈述观点、真情实感之外，中学阶段应该培养学生的科学理性精神和自由独立思想，突出理性思维、驳辩意识、独立精神为主导的写作。魏小娜在《真实写作教学研究》的自序《追寻理性的写作》中强调，当前作文教学最欠缺的就是理性写作，感性写作泛滥。[1] 新教育中学生写作要突破感性写作，关键在于拥有"求真"的勇气，在求知、悟道、明理中提升学养、见识，学会辩证分析，探求事物之间的内在矛盾关系，在写作中培养学生成为思想人、精神人、创造人。[2]

新教育中学生写作的基本特点如下：

**自由**。如果小学生写作是对真实自我的唤醒，那么中学生写作便是对自由个性的探寻。这种自由源于中学生自主意识的觉醒，源于写作题材和体裁的开放，源于独立表达的习惯和能力的培养。小学生写作强调规范，而中学生写作更需要规范之外的自由灵动。新教育中学生写作就是要还学生心灵的自由，

---

[1] 魏小娜. 真实写作教学研究. 北京：人民出版社，2017：1-4.

[2] 潘新和. 不写作，枉为人——潘新和语文学术随笔. 福州：福建教育出版社，2014.

还学生创作形式的自由，还学生思考空间的自由，自出机杼、独抒新见、挥洒才情、张扬个性。

**理性**。如果说新教育小学生写作是情感（情绪）写作，那么新教育中学生写作就是理性写作。中学生哪怕是写故事都在思考故事背后的意蕴是什么。中学阶段一般是学生叛逆的阶段，叛逆意味着有主见，意味着独立，意味着用自己的大脑思考。教师、父母和中学生在观点观念上的冲突极易导致彼此在实际交流中发生冲突，而写作则能让彼此冷静地、理性地看待问题。

**发表**。写作通过发表公之于众，从而形成反馈，这又在相当程度上反过来影响并促进写作，为写作树立标准和方向。因此，写作和发表之间具有不可割裂的关系。新教育中学生写作要走向发表，用文字发表自己的看法，用文字证明自己的存在，用文字激昂自己的青春。唯有如此，中学生写作才能从"暮气沉沉"中焕发出该有的"朝气蓬勃"和"凌云壮志"。

**立人**。精神是一个人内在的脊梁。中学阶段是一个人精神脊梁发育的关键期。新教育认为，中学生写作必须着眼于、着力于"立人"，学好有字书、扎根无字书，在学习和生活中，欣赏、思考、吸收、升华，形成全新的自我，长出写作者的骨气。

### (3) 新教育大学生写作的主要特点

高等院校分科分系，学生的未来职业有了基本方向，就写作技能的训练来说也有了不同的特殊要求。比如化工专业的学生要写工艺流程说明、产品说明，法律专业的学生要写起诉书、判决书，社会学专业的学生要写调查报告，文学专业的学生要写作品研究评价。因此，高等院校的写作课不能强求一律，教学内容要符合学生的不同需要。① 大学生写作区别于中小学生的写作，它更像是思维训练，需要在有深度的知识探索中，尝试去触碰贯穿学科之间的"底层逻辑"。它可以是对某特定科学领域中有关专业问题的研究、思考和认识，注重内容的创新性和深刻性，书写的规范性和逻辑性；它也可以是提出一个问题或者观点，进而寻找相关的素材，然后有条理地进行论证，把要表达的内容有说服力地、清晰地、优雅地呈现给不同的对象。总体而言，大学生写作不同于一般的文章写作，篇幅较长、结构复杂，对专业性、规范性、学术性和创新性要求较高，更加考验学科素养和专业能力的积累。

新教育大学生写作的基本特点如下：

**专业**。专业性写作必须和专业性阅读结合起来。新教育大学生写作是真正践行"学习通过写作""阅读通过写作"的关键阶段。图书馆是大学生最经常光顾的地方，摘记和写作是大学生最经常使用的学习手段。大学校园有活力四射的球场、体育馆，更有"丰富的安静的"专业阅读和专业写作。

**思辨**。从思考到思想，中间有一条必经的通道叫"思辨"。大学生的思辨少了中学生的莽撞和偏执，不再执着于"小我"，

---

① 叶圣陶. 叶圣陶集（第十五卷）. 南京：江苏教育出版社，1993：177.

而是"我爱我师，我更爱真理""我爱真理胜于爱我自己"。从狭小的个人思辨中跳出来的学生才是真正的"大学生"。

**创新**。新教育大学生写作既追求学习过程也追求成果体现。新教育大学生写作应该具有很强的创新意识，要将写作与现实世界接轨，将写作与大学生开创未来、大学生创业等关联在一起。

**成人**。小学生写作是"养人"，中学生写作是"立人"，大学生写作是"成人"。大学生写作的本质在于引导自我完成"精神成人"，即在写作中体现时代精神与责任担当。大学生作为担负起建设中国、复兴中华的主力军，应自觉用习近平新时代中国特色社会主义思想铸魂并武装头脑，做敢于突破学术瓶颈、敢于攀登学术高峰的写作人。

### 4. 新教育学生写作的方式

#### （1）习作课程

习作课程属于最值得我们深耕细作的国家课程。系统化、阶梯式的中小学习作课程在促进学生写作素养落地方面具有无法替代的作用。我认为，当下习作课程实施主要存在以下几个方面的问题：

**第一，学生的写作量不够**。据了解，目前中小学生每周的写作练习一般在一次左右，绝大多数的学生每周用于写作的时间少于2小时。写作如同游泳一样，需要在教练的指导下进行充分练习才能形成技能。过少的写作量，很难把学生培养成优秀的写作者。

**第二，教师的示范性不够**。有人曾经对300名中学语文教师做过调查发现，教师一年中自由写作的文字量平均不足3000字。如果教师很少或者从来没有经历过在文字中挣扎的过程，就永远不会懂得如何去帮助学生学习写作。

**第三，对现实世界的关注不够**。不少教师不重视给学生提供走近自然和生活世界的机会，只一味刻意让学生去揣摩和使用一些作文技巧，甚至让学生背诵范文，导致学生作文语言干瘪、贫乏，内容千篇一律，思想严重匮乏，缺乏生机活力。

**第四，写作过程中的指导弱化**。不少老师把习作教学的重心放在写作前如何指导选题、构思，写作后如何进行批改、讲评上，轻视或忽略了学生写作过程中的帮助和引导。其实，"过程写作"才是真正教学生写作文，因为学生特别需要老师在其写作出现迷思时，三言两语，提醒点拨。

习作课程的实施，需要紧扣新课程标准，通过由易到难、由粗到细、由浅入深的方式，引领学生渐入佳境，甚至写作成瘾。结合古今写作思想与实践的成果，我们认为，新教育在实施中小学习作课程时应遵循以下四条原则：

一是先说后写，说写相长。儿童对语言的驯服，并不会一蹴而就，需要经历从口语到书面语的定型、整理、丰富、深化过程。我们之所以把"培养卓越口才"列为新教育十大行动之一，就是要以造句、属对、对话、讲故事、演讲、辩论等形式，让孩子愿说、敢说、会说，形成终身受益的自信心、沟通能力和表达能力，在说写良性互动中，提高口语表达能力和写作能力。

二是先放后收，收放自如。写作是人感知、探索、表达世界的独特方式，必然要经历从感性积累到理性梳理的过程，是一个从浪漫到精确的过程。"先放"是对儿童天性的解放，"后收"是对科学、艺术的理性回归。"先放后收"体现了从量变到质变的哲学意蕴。因此新教育学生习作课程应当遵循"先放后收，以放为主，放中渐收"的客观规律，走出纯技术、套路化的写作误区，追求收放自如的更高境界。

三是先实后虚，虚实相间。习作离不开生活，因此要让学生基于对客观事物的细致观察、对现实世界的人文关怀，丰富情感体验，涵养写作灵气。具体操作时，可先进行实用文训练，写好"工作与生活中使用的文章"，再进行文学文训练；先描摹客观现实，描绘、建构一个可见可触的外部"世界"，然后通过插叙回忆、联想想象、心理活动、比喻拟人等，用不在眼前的事物，创造出想象的世界。

四是先俗后雅，雅俗共赏。儿童学习语言是从模仿身边人的口语、方言开始的。他们对日常叙事、谣谚俚语有天然的亲近感。从俗语化写作起步，提倡"我手写我口""我手写我心"，可以避免写作中的畏难心理。当然，随着学生语感的提升，可以相机进行词语生动、句式灵活、善用修辞、富有意蕴方面的训练，赋予文章雅致含蓄、清丽脱俗的品质，最终达到俗中含雅、雅中有俗、雅俗共赏的境界。

(2) 日记课程

日记写作是引领儿童开启写作之门的一把钥匙。一直以来，新教育特别提倡师生以写"暮省日记"的方式，抚慰心灵，激励自己，编织有意义的生活。随着新教育实验的推进，越来越多的学校自觉引导学生通过写日记"三省吾身"，让学生真正过上幸福完整的教育生活。

日记具有四个主要特性：

**一是主体性。** 日记专属于个人，具有主体性的特征。"日记的出现本身带有浓重的个人色彩，从口语日记到Vlog，内容通常涉及自我意识、自我表达等自我传播实践。""在日记这种自我传播过程中，具身性自我认同并非将群体态度与反馈直接内化，而是通过'客我'与'主我'的互动而形成。'客我'为他人对于人们身份的认同，而'主我'则是人们对于社会身份的主体性反思。"[①]

**二是记录性。** 日记把所见、所闻、所思、所想等通过一定的手段保留下来，并作为信息传递开去。记录性是日记的本质属性。

**三是真实性。** 日记所记录的内容具有客观真实、与事实相符的特性。学生通过日记记录自己日常的学习、生活经历以及

---

① 高慧敏. 从口语日记到Vlog：身体视域下的一种自我传播形态演变. 中国地质大学学报（社会科学版），2020（01）.

对于它们的反思，从而促进自己的思考，见证自己的成长，一旦内容虚假，就违背了日记写作的初心。

**四是日常性。**写日记贵在坚持。新教育倡导"晨诵、午读、暮省"的生活方式。所谓日常性，并非强求每日都记，但要求经常记录，使经常性地记录反思成为一种日常的生活方式。经常花一定的时间记录、反思自己的生活，能改变一个人的行走方式，使其成为思考型的人。

**新教育学生日记类型按记录媒介，可分为绘画日记、口述日记、文字日记和视频日记。绘画日记**采用绘画的方式，记录自己的日常生活。绘画日记也可在绘画旁配以简练的文字，这时又称绘本日记。绘画日记一般适用于尚未写字的幼儿或识字不多的一年级孩子。**口述日记**指的是学生口头讲述，由父母协助记下来的日记，适合还不会写汉字和识字不多的一年级孩子。**文字日记**是以文字记录自己日常生活的日记类型。**视频日记**则以视频形式呈现创作者的日常生活，应手机、平板电脑等智能化移动终端的兴起而产生。

**新教育学生日记类型按记录内容，可分为生活日记、学科日记、项目日记和观察日记。生活日记**以创作者的日常生活作为记录的主要内容。新教育实验倡导老师、孩子及其父母一起写随笔（日记），立足于每一天的工作、学习和生活，在写随笔（日记）的过程中，体验生活、反思自己，通过交互书写相互编织有意义的生活，实现彼此润泽、共同成长。**学科日记**记录学生对学科学习活动的探索、理解、评价、应用、创新等，帮助学生梳理、展示自己获取知识的思维过程，归纳学习方法，总结学习规律，激发学生用"学科眼光"看世界，培育学科核心素养，培养创新意识和实践能力，为其终身学习和可持续发展奠定良好基础。**项目日记**指的是记录学生在项目式学习过程的一种日记类型。新教育实验倡导项目式学习。项目日记专门记载项目探究、实践的过程，反思学习经验，记录成长感悟。**观察日记**则专门记录在观察中的所见、所闻、所感、所思。

儿童的日记写作，既需要坚持不懈写起来，养成好习惯，也需要课程化指导，避免写成"流水账"。实施高质量儿童日记写作课程，需要在"五有"上下功夫：

第一，**时间有保障**。时间都是挤出来的，重要的事总会有时间。日记写作和读书一样，没有时间做保证，一切都会落空。中小学实行延时服务后，更有利于每天拿出整块时间用于暮省。

第二，**素材有积累**。学生无话可写与他们生活单调有很大关系。新教育倡导"聆听窗外的声音"，目的在于倡导学校把校园向四面八方打开，让学生拥抱丰富多彩的自然和社会生活，为包括日记在内的儿童写作储存鲜活的生活画面。

第三，**样式有突破**。儿童日记的内容和形式应随着时代发展的脚步，更新迭代。日记的内容可以是生活日记、学科日记、项目日记、观察日记；日记的类型可以是绘画日记、口述日记、文字日记、视频日记等。

第四，方法有指导。方法指导的重点不在于谋篇布局的技巧，而在于指导学生选择独特的角度，留心发现、细致观察周围的事物，发现日常生活中有意思、有意义的一面。在此基础上，让学生在写作之前讨论交流写什么、怎样写、用什么方式方法写。

第五，作品有展评。在尊重学生隐私的前提下，利用各种机会，开展日记赏评，展示学生日记，让学生感受到来自教师和同伴的激励，体会写日记的轻松与快乐。

这里，我们看看江苏省泰州市姜堰区第二实验小学陈冬梅老师是如何指导学生写作的：

## 用"发表"的力量生长小作家

2003年，姜堰加入了新教育实验。我很幸运，在可能产生职业倦怠时遇到了新教育，并一路追随着新教育实验的步伐，带着孩子们一起沉浸在文字的世界里，共同编织幸福完整的教育生活。

因为持续不断地阅读写作，我的精神面貌改变了，我和孩子们的相处模式也改变了。去年6月，我用59封长信与陪伴了四年的"棠棣竞秀"班的孩子们作别，孩子们也以文字的方式表达对我的万般不舍。在全校"师恩难忘演讲比赛"毕业典礼上，我们班的五位选手全部斩获特等奖，他们用风格不一的文笔进行叙事，无一例外地讲述了对我的依恋之情。我知道，这是新教育"晨诵、午读、暮省"的基本生活方式带给我和孩子们的额外奖赏。

这些年，我陆续写下了几十万字的随想杂感，也屡屡有文章见诸报纸杂志。和我相遇过的不少孩子，也渐渐地被我同化了，喜欢用阅读和写作来享受时光。我在为此感到欣慰的同时，又隐隐觉得有些不满足：仅仅是我和部分孩子在文字的世界里沉醉还不够，能不能让每个孩子经由我对他们的发现、鼓励、点化，在骨子里爱上阅读、爱上写作，形成一生有用的读写素养？

去年秋天，当我又遇见了一批三年级孩子后，我便开启了全新版的"小作家"锻造行动计划。

管建刚老师说，调动学生写作兴趣，无非就是"两块表"——表扬和发表。我告诉孩子们：老师在微信公众号上开辟了一个专栏——"小作家在生长"，只要你愿意写，哪怕写一个新鲜的句子，我就给你发表，让全世界的人都可以看到你的生花妙笔。

孩子们的眼睛亮了，他们的表现欲一下子被激发出来了。

一、约定：把美的发现写出来、发出来

我和他们约定，只要是陈老师的课，所有人都可以去寻找窗外世界，把新发现带回来。

这些被我从作业堆里解放出来的精灵们，仿佛一下子被激活了。他们有的凝视窗外"发呆"，有的站到桂花树下闻花香，有的爬到香橼树上触摸金黄的果实，有的蹲下身子凝视草地里的虫子。

陈雨泽抱着一棵树闻了起来，说："这棵树弯弯的，像一个没有吃饱的月亮……蚯蚓蠕动着身体，挺像在闹脾气呢！"孩子是天生的诗人啊！

九月，正是秋虫最后活跃的季节。我们班的孩子因为学会了凝视生命，他们的世界被小虫塞满了，孩子们的日记也成了秋虫嘉年华（蚂蚁、蚊子都来了）。刘书瑶说："可是我在上课啊！蚊子那小曲声，让我心里很不欢。然后，我忍心地把它送上了天堂！"

孩子们的表达力、想象力出乎我的意料。我将这些稚嫩的真实表达及时捕捉，"发表"在公众号，并转发到新父母群里。父母们发现，不是孩子们不喜欢写作，而是没有找到撬开他们兴趣之门的钥匙。

二、点评：拿着"放大镜"去找亮点

在编辑孩子们的习作时，读着孩子们的生活遇见，又激起了我的表达欲望，我给每个孩子思想里生长出来的文字写上我的体悟。好孩子、好文章是被夸出来的。我拿着"放大镜"去看每个孩子的习作，哪怕只有一句鲜活的话，都不吝惜赞美之词，用"夸张"的笔法送上我的点评。

江弈辰误会了风信子，写成一篇《"洋葱"》，通篇在与花叶对话，很有诗人的情思，我在他的文后写下："诗人洛夫说，落叶在火中沉思……本文中作者连续的观察也将风信子微妙的生长变化定格。"

有一天，每次习作只有只言片语的承阳写了一篇长文送到办公室，交到我手上，我将这篇长文在全班朗读了出来，一个孩子听了我的朗读之后认为欧承阳有抄袭的嫌疑并检举他。承阳昂着头说："我没有抄，只是模仿。"我知道，他需要被看见。当天晚上，我毅然将承阳的这篇习作发到公众号。说来神奇，一个对语文向来敷衍了事的孩子，从此以后上语文课总是积极回应我，并大胆在公开场合表达自己的思想。

在公众号里点评，成了我和孩子们灵魂对话的独特方式。我认为，生活得最有意义的人，并不是年岁活得最大的人，而是对生活最有感受力的人。孩子们在凝视生活与写作表达中逐渐培养出越来越多的感受力。到目前为止，我已经在公众号推出30多次学生习作集，孩子们发表了600来篇长长短短的习作，我的"百字点评"也同步捆绑了600多次。他们不停地写，我不断地点评，在频繁的师生共写中，我们找到了共同的语言密码。

三、收获："小作家"们在生长

因为持续地写作，孩子们的阅读兴趣也更浓厚了。为了进一步激励他们，每天午读，我就用镜头捕捉他们的沉浸式读书图像。在镜头的"催逼"下，越来越多的孩子把读书当作每天的"第二次午餐"。吴雅清在日记中说："老师叫停的时候，全班一阵'哎——'，极不情愿地收起书。"

李正浩在681字的"长文"里说:"'陈老师,您每天看那么多书,写那么长的文,上那么多的课,站那么久……难道您不会疲倦吗?'我猜是因为书里藏着一杯杯咖啡,被眼睛吸着送到人的体内,并且只有爱读书,读得懂书的人才会有这种感觉。"这简直就是一个小思想家的智慧箴言啊。

"孩子写、我点评"的方式,让越来越多的学生对我产生了依恋。一个中午,梓翊贴近我的耳旁:"老师,你可以还像以前一样看我吗?"他在为年级测试卷上因作文写了诗歌被阅卷老师扣掉20分而不安。

我生怕因为一次考试,让一个诗人在我的手上陨灭,善意地回应安抚了一个慌乱的小心灵,对他说:"放心,不会影响我对你的专注和灵气的欣赏。"

梓翊情不自已,送我一文:

### 赠 吾 师

初见吾师,美而善,吾悦。然吾羞于言表,未敢询问。而今,师传道、授业、解惑也。吾喜文,善观书。人皆存己爱之师,而吾独爱吾师冬梅也。

写着写着我发现孩子们的作品达到真正公开发表的水平,于是就尝试着往《泰州晚报》投稿。没想到,竟然有几个孩子的文字见报了。短短一个学年的工夫,有40个孩子的文章陆续见报了。更让我惊喜的是，也许是由于我推荐发表的文章数量多质量好，《泰州晚报》竟把"小作家"专栏的整版编辑权"送"给了我。所有这些告诉我：只要上路，就会遇上庆典。

为了让小作家被更多人看见，我又将发表作品张贴到教室外墙，引得全校一大群孩子前来欣赏。我把孩子们发表和有待发表的作品汇编成一本书《才见樱桃红》，插入全班同学的读书图，书名源于班名"樱桃园"。放假那天孩子们一人举着一本自己写的书走在回家的路上。我的关于引导学生写作的随笔，又一次有幸发表于《小学语文教师》。有人问我如此执着于"发表"是为了什么？我说，我是在以写作的方式拯救着自己，拯救着我的孩子们。让每个和我相遇的孩子，在读写的世界里开出属于自己的思想之花，这是我最大的心愿！

陈冬梅，高级教师，任教于江苏省泰州市姜堰区第二实验小学，泰州市学科带头人。2003年，陈冬梅老师随区域加入新教育实验，一路追随新教育实验的步伐，带领孩子们一起沉浸在文字的世界里。寒来暑往，她带着孩子们在书的世界里，沉醉不知归路，共同编织幸福完整的教育生活。陈冬梅老师无限相信阅读的力量，深信教师就当以阅读作为最好的修行，让写作成为思想的深根。陈冬梅老师的几十篇论文随笔发表于省级刊物，曾荣获"新教育实验先进个人""新教育榜样教师提名奖"。

(3) 听读绘说课程

2006年新教育实验启动了"读写绘"项目，后来经过改良又升级为"听读绘说"项目，形成了面向低龄段儿童的德智兼育、寓教于乐的儿童写作启蒙课程。"听读绘说"去掉了原来的"写"，强调了符合儿童年龄的"听""绘"与"说"，更加吻合儿童身心成长的节律。

**听**，是孩子专注倾听父母或老师讲述图画书等故事，理解并回答相关问题，是深度思维的训练，旨在提升专注力和理解力。

**读**，是孩子独立阅读，主动思考，独自深入故事情境，是对自主阅读能力的训练，旨在提升观察力和阅读力。

**绘**，是孩子把听过的故事或复述、或接龙、或同主题创作，用涂鸦画出来，是对创造思维的训练，旨在提升思考力和想象力。

**说**，是孩子以涂鸦的作品为提纲，进行丰富而完整的口头表达。这是新教育"说写课程"在低龄段的运用，是对孩子抽象思维的训练，旨在提升表达力和创造力。父母和老师可以把孩子说的内容记录下来，形成文字。

近年来，新教育对"听读绘说"项目开展了更多研究。有研究表明，"听读绘说"项目不仅是低龄段儿童读写素养提升的重要载体，而且对其他学龄段读写能力较差的特困生也有显著的"疗愈作用"。

这里，我们欣赏一下四川省广元市旺苍县东河镇第二幼儿园季红梅老师的相关探索：

图说眼里的世界　写画心中的天地

共读共写共同生活，是过一种幸福完整教育生活的必由之路。可对于还没有掌握汉字这一表达工具的幼儿园孩子来说，怎样共读共写呢？

一、初识写画，懵懂前行

2016年9月，我有幸加入我园"班本课程"研究团队。面对生活学习习惯还未养成的小班孩子，该选择什么作为切入点呢？我很困惑。在一次美术活动中，我引导孩子"给妈妈烫卷发"，亲切的话题让他们特别兴奋，纷纷准备"大展身手"。可当他们拿起画笔时，有的在纸上戳洞洞，有的在手上涂指甲，还有的在脸上开染坊呢……这一幕幕让我哭笑不得。他们为什么会这样呢？该怎样克服这些困难呢？问题即课题，何不开展"写画主题"研究来解决这一问题呢？《3—6岁儿童学习与发展指南》也指出：要让孩子体会写画的方式可以记录生活、表达想法和情感，逐步提高书面表达技能。

**儿歌游戏中写画，激发兴趣**。我从激发孩子的兴趣出发，尝试将小班孩子喜欢吃的点心与儿歌融合进行写画："小手描一描，用笔画一画，线线变小草，圆圈变泡泡，撒上黑芝麻，你猜变成啥？面包、草莓、棒棒糖……"在朗朗上口的儿歌声中，孩子们与线条玩起了游戏。一幅幅童趣盎然的画作、一张张自信满足的笑脸，坚定了我开展"写画主题"研究的决心。

**观察交流中写画，积累经验。**"铃鼓是圆形的，彩笔是方形的……"孩子们兴致勃勃地说说画画身边事物的特征。可写画兰草时，繁多的叶片干扰了孩子的视线，他们无从下手：老师，我不会画。于是我就带着他们一边观察一边思考：可以先画一片叶子吗？叶片是什么形状的？为什么不一样呢？于是，或舒展或枯萎的叶片被孩子们赋予了别样的生命力。

二、引领写画，持续推进

渐渐地，太阳、花朵、蝴蝶等成了孩子们写画的最爱。这让我既为他们的进步而欣喜，又为如何打破缺乏创新的僵局而烦恼。2018年，新教育十大行动在旺苍各个校园生根发芽，我发现"写画主题"研究正是幼儿园师生共写随笔的独有方式。朱永新教授说：要想写得精彩，就必须做得精彩，活得精彩。专业的引领让困惑中的我渐渐明白：幼儿写画的核心价值应该在于关注内心感悟、激发生活热情、书写生命成长。

**多彩生活写画，丰盈生命。**我从丰富孩子们的生活出发，引导他们先玩再画。爱运动的"黄咕力"深受孩子们喜爱，我们一起观察他运动时的姿态变化，一起扮演"黄咕力"玩游戏。就这样，孩子们在玩玩说说中写画了快乐的童年。课桌爬山游戏、热闹的大扫除等多彩生活丰富了孩子们的视野，激发了他们写画、表达生活的热情。

**关注个体写画，激励前行。**并不是每次写画每个孩子都能顺利进行。一直不爱表达的辉辉愁眉不展，原来他也想画小朋友跳绳，可不会画娃娃，也不会写数字。"你会画什么呢？""我只会画线线。""那你就用线线来表现吧！"于是，辉辉就用长短不一的线条进行了跳绳的计数写画，还眉飞色舞地说："瑶瑶跳得很多，线才特别特别长；而海海只跳了这么短的一点点。"他边说边晃脑袋的样子深深地印在我的脑海里。那是轻松、自信、愉悦的晃动，晃出了生命的力量，晃出了成长的希望，也印证了新教育"关注个体发展，倡导成功体验"的核心理念。

**家园合作写画，寻求支持。**幼儿写画表达的动机天马行空，他们渴望表达，渴望得到倾听、理解、鼓励。分身乏术的我唯有争取家长的积极参与，才能让写画持续迸发活力。一个叫阳阳的孩子在爸爸陪他洗完澡后，写画了爷俩光着身子躺在浴缸的情形，睿智的爸爸并没有责备儿子画出了他们的隐秘部位，反而夸赞儿子观察仔细、表现生动，还随机给儿子讲述了男女的区别，他们一起完成了一堂生动的性教育课程。阳阳和爸爸也成了亲子合作写画的榜样。

三、创作写画，润泽童心

在家园共同努力下，孩子们逐步爱上了写画。可生活的日日重复让写画失去了新意，怎样引领他们创造性地写画呢？爱听故事是孩子的天性，于是，我陪着孩子们一起阅读，一起想象，一起在创作中润泽童心、丰盈生命。

**仿编绘本故事，走进阅读天地。**绘本夸张离奇的图画形象、跌宕起伏的故事情节、神奇无限的超级魔力深深吸引着每个孩子。于是，我们在阅读绘本后，先思考、想象，再尝试仿编故事：云朵变身童话小屋、铁甲小宝做起美食、章鱼哥飞上太空……每个人的小故事汇集起来，就成了一本自制图书。有了仿编故事的乐趣，孩子们更喜欢阅读绘本了。

　　**分享仿编故事，享受成功喜悦。**当又一次讲故事时间来到时，我并没有像往常一样分享绘本，而是拿起他们仿编的《我爸爸》放到投影仪下，还没开始讲，涵涵就发现了：那是我和爸爸在比赛跑步呢！她的眼里闪着自豪的光芒。再翻下去时，萱萱也发现了：那是我和爸爸在逛街呢！一时间，孩子们成了讲故事的主角，每张小脸上都洋溢着自信。自制图书成了图书角里最抢手的宝贝，他们一遍又一遍地传阅、讲述自己的故事。

　　**创编绘本故事，共话创作愿望。**看得多、翻得多，自制图书变得破旧了，已经满足不了孩子们的愿望。于是，我们又讨论怎样才能有更多的图书看呢？他们纷纷出谋划策：要爱惜图书、可以多做几本呀……于是，孩子、老师、家长开始合作创编绘本，画画说说、听听写写、剪剪钉钉：《袁隆平爷爷的工作》《不一样的12.26》《我们的足球比赛》等自制绘本成了孩子们的最爱，也成了我们生活中一道独特的风景。

　　从阅读到仿编，再到分享、创编，孩子们在看、听、说、做中养成了爱阅读、爱图书的好习惯，他们的社会责任感逐步增强，家园共育的合力进一步彰显，我们在浓浓的书香氛围中同写画、共成长。

几年来，写画、阅读、思考、表达成为我们东河二园教育人一起行走的方式，我研发的与写画相关的多个班本课程成为园本课程。孩子们用独特的方式写随笔的经验在全县教师培训中多次交流，平凡而精彩的写画小故事被插上翅膀，飞向了更辽阔的天空。

季红梅，一级教师，任教于旺苍县东河镇第二幼儿园。自2018年加入新教育实验以来，季红梅老师始终站在儿童视角，以"过一种幸福完整的教育生活"为教育理想，以"写画、阅读、思考、表达"为行走方式，努力探索幼儿园师幼共写随笔路径，研发了多个相关班本课程，多次在全县教师培训中进行交流。季红梅老师的"幼儿写画实践探索叙事"获得旺苍县师生共写随笔征文、叙事"一等奖"，并发表在《江苏教育报》，其作品《幼儿专注力培养》曾获四川省教育发展改革研究成果"二等奖"。

(4) 说写课程

从2010年开始，新教育义工、作家童喜喜带领新教育一线团队，遵循说写相长的原则，探索开发了新教育儿童说写课程，取得了显著成效，得到了国内国际专家学者的广泛认可。美国叶仁敏博士在开展说写课程的4次实证研究中都发现：说写课程对学生在写作兴趣、自信、上课投入、写作习惯、观察思考、亲子互动上的6个变量，实验组和对比组的结果形成了"极其显著差异"。

说写，是以书面语言进行有逻辑体系的口头表达。说写介乎说与写之间，它的形式是说话，本质是写作。说写的方法首先是提出有逻辑、成体系的问题，然后根据这些问题进行思考，写出每个问题的关键词或者绘出自己思考的思维导图，最后以此为基础用书面语言说出自己思考的内容。

说写分为四大阶段：敢说阶段、能说阶段、会说阶段、精说阶段。为了帮助说写者实现说写能力的迅速提升，在评价说写的过程中必须遵循"绝对不批评，重复好句子"的原则。这一评价原则遵循积极心理学的原理，充分激发每个人的自信、挖掘每个人的潜能，从而实现从说到写、以说为写的跨越。

说写课程对儿童读写素养发展，具有四个方面的显著作用：

一是以说促想。说写都强调逻辑和体系，都离不开想。想，指的是思考、思维。想得精彩就会说得精彩或者写得精彩。说写课程在促进思考和思维方面的效用，是隐含的，也是最本质的效果。说写课程特别强调让儿童在轻松氛围里先想后说，边说边想，敢想敢说，然后进阶到会想会说。

二是以说练听。听，是儿童最重要的学习手段之一，也是交流的必备条件。说写课程因为规范了"说"，强调说书面语言，因此表达相对更加完整、简洁、有效。训练了说写，就降低了听的难度，可以帮助增进亲子关系和师生关系。同时，因为增加了儿童彼此倾听的训练，可以促进儿童相互了解，更加融洽地生活。

三是以说带读。说写课程强调"读写之间说为桥"①，最简单的以说带读，莫过于讲故事。其实，阅读前的激发兴趣、阅读中的深入思考、阅读后的及时评价、孩子彼此推荐图书，等等，都可以用说写的方式深化。说写课程中的阅读，不仅让孩子们通过阅读汲取知识、丰富积累，养成自我反思、独立思考的自觉，还通过说写内化为思维模式。儿童在阅读中所读到的规范的书面语言，是孩子们最好的写作表达。

四是以说助写。说写，归根结底要落实到写。写作的关键就是多读多练，然而传统的写作练习速度很慢，而且低年级段的儿童无法承受长时间写作训练。说写课程强调以书面语言进行口头表达，以达到强化练习写作的效果。

近年来，说写课程先后在许多学校落地开花，成绩非凡。海南有一位叫库亚鸽的初中语文老师，刚接手初一时，全班54名学生中有27人语文不及格、十几个作文交了白卷。库亚鸽老师带着这群孩子实施说写课程，仅用一学期的时间全班语文均分就达到92.31分，每一个学生在写作上都有如神助，还有很多学生觉得试卷作文格子不够用！

---

① 童喜喜，等.读写之间说为桥：童喜喜说写课程实战攻略.北京：电子工业出版社，2017：14.

### (5) 学科写作课程

学科写作是以学科为依托的、贯穿全课程的写作。进入新世纪，这种教学理念和模式已经成为西方不少国家写作教学的重要样式。尽管近年来我国写作教学的不少先行者也尝试将写作教学渗透到各个学科，力图让学科教学与写作教学互补共生，但很多时候写作依旧被局限在语文学科当中。传统的写作课程往往由语文老师负责，导致很多人容易将写作概念的内涵与外延窄化，将写作定位为文科写作。不少学科教师将自己囿于所学专业之中，只满足于本学科的教学，还未能充分通过写作来展现学科的本质和魅力。从目前我国学科写作的探索实践来看，学科写作还没有获得广泛的支持和普遍的运用。学科写作的前景的确诱人，但学科写作的有效开展必将经历一场理想和现实的博弈。

新教育学科写作的提出正是为了解决当前中小学生的学科写作问题。新教育倡导学科写作，主要是希望所有学科同心协力，学科教师不断提高自身写作水平的同时，丰富学科写作的课程形式、重视学科写作的指导和修订，让学科写作成为一种有助于学生成长的有效学习方式。

### ①新教育学科写作的内容

新教育学科写作就是指围绕着学科学习生活而进行的形式多样的写作，它从生活实际出发，立足学科知识背景，结合即时、共在、同场、多样的教育生活形态，多角度、多侧面、多维度、多形式地记录学科学习中的心得、感悟、体验、收获和见闻，是学生日常写作的重要形式，也是跨学科学习的重要工具，有助于实现"以学促写"和"以写促学"的双重目标。

新教育一直强调，学科可以分设、知识可以分类、学习可以分期，但人的精神成长的需求却不能分割，中小学生的精神成长特别需要学科内在知识与精神的相互融合与共同滋养。过去新教育一直致力于学科阅读书目的研制，为学生全面的、成体系的学科学习提供有力支持。事实上，从国外学科写作的经验来看，目前中小学开设的任何一门课，都可以借助跨学科的写作实现学科与学科之间的彼此融合，借此帮助学生真正走进各学科的知识大门，触摸到各学科的文化与精神。所以，不仅学科阅读是大趋势，学科写作也必将成为奠定未来发展的基石。甚至可以说，学科阅读本身就为学科写作提供了非常坚实可靠的背景支撑。

新教育学科写作既是一种写作方式，也是一种学习方式，特别鼓励"在写作中学习""在学习中写作"，既突出写作，也强调对学科的学习。一方面，受个人身份和过去经历的影响，学生将他们的独特身份、关键性格和思维习惯带入写作中。另一方面，学生在特定的学科语境中实现交流，有意识地、持续地适应新的学科学习，不断提高对学科知识的了解和应用。

②**新教育学科写作的意义**

新教育学科写作不同于小说、散文、报告文学的创作，它不仅反映了一个人的写作能力，同时也反映了一个人的学科素养和专业能力，对于个体的学科学习、社会生活、职业发展都具有重要意义。

**第一，帮助实现多学科的教学融合。**

《义务教育语文课程标准（2022年版）》把《义务教育语文课程标准（2011年版）》中的"跨学科的学习"从课程基本理念中的一个不起眼的要素，上升为课程理念的关键指标。跨学科学习已成为《义务教育语文课程标准（2022年版）》的核心要义。要推进和落实跨学科学习，首先要推进和落实学生基本的表达与分享能力，这种表达与分享的常态样式就是跨学科写作，就是用学科作文链接学科、提升思维，指向学生的核心素养。

新教育学科写作致力于突破单一的语文学科写作，将写作引向数学、英语、科学、历史等所有学科，体现了"淡化学科界限，实现学科教学整合"的理念，强调"学习、研究的体验"，强调"研究意识"与"课题意识"，顺应了课改新要求。[1] 各学科的教师树立起学科写作的教学观念，在课程设计、作业建设以及团队授课等方面展开密切合作，打破学科之间森严的壁垒，沟通学科之间的联系，整合师资力量，使各学科融合为一个整体，形成教育教学的合力，实现多学科教学的合作共赢。

---

[1] 杨汭元. 整合性"学科写作"——"研究性写作"教学的新资源. 基础教育研究，2004（8）.

**第二，帮助实现学习方式的新变革。**

2011年1月21日《科学》杂志上发表的一项研究表明：像写作这样的提取练习是强大的学习方法。[①] 新教育学科写作强调通过写作实现学科知识的转化，而不是单纯的知识总结，帮助实现个体学习由被动地接受转化为主动地输出，促使学生积极积累知识、培养能力、训练思维、冶炼人格，体验创造的乐趣、成功的愉悦。这对中小学阶段的深度学习，乃至对个人的终身学习都发挥着积极的作用。

**第三，帮助提高学生的课堂参与度。**

新教育学科写作采取探究式的教学方式，从问题或情境开始教学，为学生提供了包容不同观点的空间，鼓励学生参与没有标准答案的对话。在学科探究和写作对话中，学生与所学知识概念建立起强烈的个人联系和现实联系，以此提高学习的兴趣和参与度。同时，新教育学科写作将多样的学科写作方式带进课堂。在课堂上，学生通过自我评估、快速写作、研究报告等方式，让低风险的、不计成绩的写作活动来支持学科学习任务。学生在课堂上练习不同的学科写作策略，灵活地进行学科交流，在实践中学会反思、学会回应读者的意见和需求，不断提高对学科写作的关注和支持，从而提高学生在学科课堂的参与度。

---

① 周爱保，马小凤，李晶，崔丹. 提取练习在记忆保持与迁移中的优势效应：基于认知负荷理论的解释. 心理学报，2013（08）.

**第四，帮助提升学生的写作兴趣和能力。**

新教育学科写作通过充分发挥不同学科的优势，从而激发学生的写作兴趣。新教育学科写作能够最大限度地利用各学科的信息，使其他学科的教学为写作提供素材，解决了不知道写什么的问题。传统作文训练往往专注于一两种文体的练习，而新教育学科写作帮助学生学习不同学科独一无二的写作技巧和策略，熟悉不同类型文章的不同语体风格、结构样式和体例规范。有研究对学科写作实验成效进行问卷调查，结果显示：无论实验班学生是否认为写作文是困难的事，他们对于老师布置的作文题目，主观感受到的难度显著降低，而且观察能力明显提高。学生的作文能力整体得到提高，作文能力最差的学生与作文能力最好学生的差距被拉近了。① 学生通过实践各学科的写作形式和惯例，了解不同环境下不同写作的规范和要求，培养多元的写作能力，采取最适合自己的学科写作策略，为专业交流和专业写作打下基础。

### ③新教育学科写作的特点

新教育学科写作以训练学生的语言能力、观察能力、思维能力、想象能力为重点，以学科知识、学习情境、学习收获为内容，挖掘学习生活中的素材，关注学生的心灵成长历程，让学生自觉用文字自由表达他们在学习各学科知识过程中的见闻、

---

① 钟传祎. 我的第一届学科作文实验班. https://mp.weixin.qq.com/s/B_FLQGdjZEh5GYIUG0Ac0w，2021-01-04.

心得。新教育学科写作具有以下特点：

**第一，题材多元**。新教育学科写作可写的内容非常多，可以记录一次有趣的小组合作，可以记录印象深刻的解题过程，可以记录收获颇多的阅读感悟……新教育学科写作最大限度地利用各学科的信息，所有学科的教学和教学生活都为写作提供多方面、多方位的素材，能够解决多年来难以解决的"写什么"的问题。

**第二，形式多样**。新教育学科写作的表现形式呈现出多样化的特点。可以是摘要式，简明扼要地记录学习过程、总结学习收获、整理知识要点；可以是图表式，图文并茂地梳理学习所得、建构知识框架，学科知识的思维导图就是典型的图表式学科写作；可以是叙述式，记录课堂生活情境以及和课堂相关的生活及学习背景内容；可以是说明式，以说明的表达方式来解说事物、阐明事理、揭示本质和规律；可以是童话式，让各种知识点用第一人称的方式"介绍"自己；可以是联想式，让课堂学习联系现实生活，让书本知识变成学生自己的知识，把知识灵活运用于实际生活，解决实际问题。①

**第三，内容多变**。新教育学科写作的内容主要可以分为以下四种类型。一是课堂实录型，通过拍摄课堂画面，再现课堂情境，回顾教学流程，或者回顾学习过程。二是内容整合型，

---

① 钟传祎. 写中学——让学习更有效的学科写作教学. 南京：江苏教育出版社，2013.

由老师给出一个主题，让学生完成跨学科的整合写作。三是学科主导型，如音乐学科写作、美术学科写作、体育学科写作、数学学科写作、科学学科写作，等等。①四是项目研究型，让学生在项目研究的过程中，以写作的方式及时梳理总结、积累资料、思考反馈、物化成果、巩固学习，为研究寻找更多外援、宣传项目成果等。写作和项目式学习结合，会发挥"1+1＞2"的效果。

④新教育学科写作的方式

学科写作课程的实施没有一个"快速解决方案"，不仅需要师生之间持续对话、研讨与合作，也需要行政的力量在考核评价等方面加持。教育部发布的《义务教育课程方案》，明确提出了"各门课程用不少于10％的课时设计跨学科主题学习"。对如何开展跨学科主题学习，一线老师普遍感到迷茫。我们认为，跨学科写作完全可以成为跨学科学习的重要路径。

近年来，不少新教育实验学校深度研发学科写作课程，为新教育学科写作蹚出了一条新路。总结而言，新教育学科写作在探索中形成了全学科、全联结、全过程的"三全"学科写作模式。

**全学科贯通：**

跨学科学习已经成为新课标的核心要义，各科教师都需要

---

① 钟传祎. 学科作文教学的理论与实践. 北京：语文出版社，2010：110—121.

有跨学科理念、跨学科视野，共同推动跨学科写作，用跨学科写作来推进课程变革。尤其是针对学生的基础能力训练，如观察能力、思维能力、表达能力，需要各科老师的通力合作，着重于学生的基础学习力、基本表达力和综合解决问题能力的培养。① 文理科教师需要加强配合，以跨学科写作为媒介整合课程，逐步消解学科壁垒，着眼学生的核心素养和终身学习能力，实现全学科贯通。

新教育河南开封贞元学校自2019年创校以来，持续开展跨学科写作，包括科学写作、大语文写作、数学写作、英语写作和文综写作，都取得了十分明显的成效。比如他们把历史学科学习分成提取核心问题、辩论建构认知、写作表达思考三步。其中七年级（上）历史就安排了9次写作，刚开始学生人均只能写出1500字的思考材料。经过一年多的训练，人均字数就能达到2500字，写3000字以上的"论文"对于许多同学来说已是常态。因为常态化的学科写作训练，这所学校学生的写作水平与同龄人相比，明显高出了很多。新教育河南开封贞元学校还在学校公众号上刊登学生的写作成果，帮助提升学生的写作成就感和意义感。一次次论文的呈现既是孩子与不同学科的对话，也是逻辑理性的层层训练与递进，更是找寻自我生命价值的呈现。

---

① 张松祥. 学科作文的教改价值与实施策略. 教学与管理，2014（02）.

以下是河南开封市贞元学校石星星老师在跨学科学习与写作方面探索的记录：

一场关于生命的超越之旅

每个生命自呱呱坠地起就在通过各种方式认识世界、理解世界，科学就是这些方式中重要的一种。科学教育就是要让孩子以自我生命为主体，学会用科学的眼光观察世界、用科学的思维思考世界，用科学的语言表达世界，这也是科学学科核心素养的一般要求。

贞元科学课程自小学至初中，一直致力于培养孩子的科学素养，让孩子们像科学家一样去探究自然万物。于孩子而言，核心素养的习得过程就是用科学的方式观察世界、思考世界、表达世界的过程，是观看世界的方式。在生命成长的旅程中，人之所以为人的主体性也就在与世界互动的过程中得以挺立、彰显。其中，写作是提升儿童思维发展与生命成长最重要的通路之一，尽管不同年龄阶段儿童的认知发展不同，写作诉求与写作方式自然不同，但他们无一例外都在用属于自己的方式表达自我认知、表达生命的点滴成长。

小学低段（1—2年级）：

这一阶段，所谓"我手写我心"，孩子的表达方式是多样的——画一幅画、种一株植物、图文写绘都是他与自然互动的方式。

小学中段（3—4年级）：

第四章　新教育写作的实践探索

这一阶段主要以科学写绘的方式呈现认知发展。随着孩子的感官越来越敏锐，大脑也会变得越来越有"逻辑"，仅仅是丰富的感性体验已不能满足他的"欲望"，需要用更具象更科学的方式认识世界。此时引入生命科学，让孩子们去观察一朵花、一个动物，像科学家一样聚焦形态学，理性探究生物在危机四伏的自然中如何求生，最后用写绘呈现形态结构图及生存策略。此外，鼓励孩子们进行诗歌创作，将富有逻辑性的科学知识与科学思维方式融入自我生命进行编织。贞元三年级的博学完油菜后，写道："一片片黄绿海洋，昆虫变成了小鱼，我成了一座小岛，在海中吹风。"又如一个名叫轩的孩子学完泡桐后，写道："泡桐万花开，一阵起香浓，数到35还有97，轻拈几缕香，一束去他乡。"就这样，生命科学题材的诗歌创作使得感性认知与理性之思完全地浸润于孩子的生命中，我们也可以清晰地感受到孩子对生命的敏锐度与思考在这之中徐徐展开。

小学高段(5年级)：

这一阶段，孩子们自然而然地会将视野投向更广阔的世界——我们周围的物质世界，此时引入天文和地理课程，目的是打开孩子们的视野、训练孩子们的科学探究思维，激发学科热情。基于此，孩子们的写作方式必然是逻辑严谨的思维脑图与认知式论文。

那么思维脑图如何推进与落实呢？

例如通过昼夜现象探究地球自转的规律。有人说我们都知道地球是自西向东转的，有什么可学的呢？但这样一个我们耳熟能详的"结论"，到底是如何被一步步建构出来的呢？！科学没有绝对的真理，当下的结论会成为未来的神话，一切结论都只是临时性共识，发明创造的过程才是最重要的！所以，科学地描述观察到的现象，基于此提出问题、做出猜想，通过科学建模步步推理、分析、设计，去证实或证伪你的猜想，最终达成一个临时性共识，这就是科学探究思维，思维脑图就是探究历程的呈现！要不断澄清思维脑图的价值和意义，孩子才愿意投入其中。最后应用这个观念去解释生活中的时差、单圈环流等问题。观念只有应用才会更加灵活、更加牢固！

一个叫泽的孩子说："通过这个学期的学习，我觉得科学就是探索的过程，结论不是永恒不变的，是不可靠的，发明创造的过程才最重要！通过探索的过程，我感觉这些知识都是被我们发明出来的，非常有成就感"。

思维脑图推进自然也会遇到问题，需要进行不断的课前反馈：榜样者引领、优秀者激励、突破者被看见。

当孩子的大脑足够清晰，他眼前的世界也愈加明亮，心自然而然就愈加敏感起来。为了顺利推进课程，打开孩子们对自然的好奇，我们在每年3月的夜晚一起仰望星空、观察天象和星座，有时甚至还躺在草地上非常放松地仰望、弹吉他，在音乐的律动中表达自己的喜悦，还有孩子自己买了专业望远镜，拍摄月相。后来，孩子们为了留住这种感觉，自发地创作了3月月相表和月相日历，除了手绘月相外，每一天都手绘配上一个星座的介绍。作者雅说："这些星星，每一个都离我们那么远、那么远，那是一个也许我们终其一生都无法抵达的地方，但多么幸运，此刻我站在这里，能看到它们，赋予它们浪漫的意义。这，何等神奇！"

冰说："这个学期的科学影响我至深的是持续一个月的观星活动……从前我觉得星星就是石头而已，但现在我觉得它们都是活的，是有意义的。不单是星星月亮，甚至连黎明前发出的一束光都充满生机，我被深深地吸引，既来自我灵魂深处的渴望，也是一种纯粹的对美和未知的追寻！"就这样一颗颗敏感的心不断被擦亮，他们生命里一扇新的大门被打开了。

天文让孩子对大自然好奇、敏感，地理则拓宽了孩子们的视野。在世界地理课程的学习过程中，我们依次探究了亚洲、欧洲、非洲、美洲。我们对每个大洲的学习探究大致是这样的流程：一般都会先聚焦"地之理"，即这片大地到底是怎样的？通过读图我们认识它的边界线、地形地貌、山川河流。接着探究"人之文"，即早期先民会选择在哪里生活？在这里如何生活？他们会诞生怎样璀璨的文明？这些文明是如何发展的？最后结合课堂探究和自我领会，以论文的方式呈现学习成果。此时结合课前论文点评与鼓励、论文专项点评课，让孩子能够相对清晰地把握论文的结构与对话逻辑即可，激发兴趣是最重要的。就这样，每个孩子都兴致勃勃地参与其中，达到人均论文6篇，人均字数1500左右的惊人成绩，甚至有的孩子每篇字数都达到3—5千，这些论文呈现出孩子们满满的真诚与思考。学期结束，宸说："虽然只是简单地讲了一下除大洋洲以外的其他6个洲，但这6个洲的学习都让我受益匪浅……我明白了：文明早期的发展受制于地理环境，过程中人的创造性也极其重要，最后文明必定是人与周围世界互动的结果。总之，我觉得这学期我的收获非常大！我用'上帝视角'重新审视了一遍这个世界。虽然地球就在我们的脚下，但我从未这么仔细地看过它，在许多书中听过的地名，从前我一直不清楚它到底为什么这样，但现在我觉得我终于不用'糊里糊涂'地读书了，我能更好、更深刻地看世界了！不知道从什么时候开始，我从只是对科学有些感兴趣，到对科学非常感兴趣，再到现在无比热爱科学。"浩说："这个学期，我足足写了6766字，用了三根笔芯，写了6篇论文……我的世界观变了，从动嘴变成了动手，从动手变成了动脑，从用眼去看变成了用心去看，这是一种新体验。"是的，写作为孩子们的未来生活打开一扇又一扇新的大门，让他看到房屋之外的另一种天空。

到了六年级，孩子们会更加渴望冲破现象之谜雾，探究世界运行的规律，写作形式依然以脑图和论文为主，只是此时论文从观点式论述成为探究式论文，呈现自己对于某个问题的探究历程进而利用得出的结论发明创造，例如探究"光的反射"专题时，从观察现象 — 发现问题 — 提出猜想 — 设计实验进行验证——形成结果与结论,继而应用这个结论去创造发明,思维训练越加精确化。

小学毕业时,孩子们既充满兴奋、渴望踏入新领域,又具备了基础的学科素养,经由写作一次次超越自我之生命,自然而然地就达到了写作的新高度。以初中生物写作为例:

初中生物研究整个生命现象和生命活动规律,课程始终以进化原理为暗线聚焦生态学,基于生物体结构层次揭示生物生存轨道;课程目标在于培养科学探究思维,激发学科热情;帮助孩子建立对生命内在动力系统的认知,让他去找寻自我生命的方向与意义。

落实方式包括:课堂实验报告单、单元思维脑图和论文写作。

课堂实验报告单:科学课实施以对话与实验探究为主,严格按照观察现象——提出问题——做出猜想——设计实验——得到结果与结论——提出新问题的方式呈现,这不仅是实验过程的记录,更是有助于思维清晰化的梳理。

单元思维脑图:一个单元结束后,学生会制作单元脑图,旨在梳理本单元各节观念间的内在逻辑,形成一个系统化的思维网。

论文写作:周末不定期的论文挑战,既是对观念建构的梳理,又是激发潜能的新创作,更是与自我生命的链接与打通。

以教材七年级(下)人体——消化系统的写作——《鸡蛋灌饼先生奇遇记》为具体案例呈现上述教学流程。以诙谐幽默的案件还原形式揭示消化系统内部的运行机制，《沉默的脏器——肝胆胰》以实验探究的方式呈现各个脏器的机构与功能，《干饭人的重要武器——胃》以馒头团子历险记的方式徐徐呈现胃的结构与功能，还有《小肠的独白》……孩子们并不是天生就会写这些文章，教师可以在课余时间以闲聊等方式与孩子进行讨论，给他们建议和思路，孩子就更容易找到方向，并朝着那个方向努力。

其中，《生殖系统》的写作涉及青春期的话题，通过对话，要引导孩子一方面意识到青春期是生命进化无与伦比的赠与，另一方面更要意识到，站在生物性的角度，青春期仍然是偏本能、情感这个层面的问题。如果我们忘掉了人之为人的自我超越，那么就会出现问题。所以解决之道是什么？就是要超越到层次更高的理性层面或德性层面，并且在超越的过程当中，以更智慧的方式来处理青春期的问题，带着孩子们层层追问，这样他就会明白，青春期于他而言到底意味着什么，他又能去做些什么，这其实已经关乎人之为人存在的意义或价值问题。

到了八年级（下）综合阶段的写作，聚焦《生殖与发育》《遗传与变异》《生物技术》《生态系统》这些于人类而言既重要又充满争议的板块，涉及前期观念的应用，更是进一步拓宽视野、思考生命之存在意义的重要阶段。这时的写作不仅是课堂探究的梳理，更在于与孩子当下生命发展的每个困惑产生深度链接，对于生命哲学的发问与思考。如：洋同学期末庆典的生物论文《一只裸虫的生命超越之旅》，从本能层到情感层到理性层，最后上升德性层，通过层层推理明确人之为人的独特与光辉，去追思自我生命存在之意义。八年级镁同学说：直到现在，我才意识到生物学科并非某种纯粹的理科与硬性的记忆，而是引向一种哲学思维。生物，讨论的是对于人类而言最最基础的事物——人类自己本身。哲学永远是关于人类本身的学科，其本身就是一种引领，是需要拥有推动时代、推动精神的力量的。

总之，论文写作既是孩子与科学学科的对话，也是逻辑理性的层层训练与递进，更重要的是借由这门学科带给孩子生命启迪与引领。它更接近生命科学，关乎生命成长、关乎人之为人的独特性，借助于它，我就能够在孩子们每一个独特的成长阶段去帮助他们澄清某些问题，帮助他们去寻找生命的方向感、意义感。

石星星，小学科学和初中生物榜样教师，任教于开封市贞元学校。2016年9月，石星星老师跟随江子校长团队加入新教育实验，一直同行至今。六年来，石星星老师深刻体验到生命与科学的不凡，敬畏每一个生命，对一切未知葆有好奇，"判天地之美，析万物之理"。石星星老师研发了从小学至初中一整套科学教学体系（小学三到六年级科学课程、初中七到八年级生物课程），并循序渐进地扎实推进，实施效果卓越。"愿以生命科学启迪每一个与我相遇的孩子,共同仰望星空、探索创造"是石星星老师的学科教学理念。

**全方位联结：**

新教育学科写作注重联结学科老师。新教育学科写作的教学主体包括语文老师和语文学科以外的老师。语文老师是学科写作教学的主导者、组织者和具体指导者。语文教师以外的老师是学科写作的积极参与者、基本能力训练者和学科素材的提供者。学科教师要明确学科写作对学科学习的积极作用，共同帮助学生自觉运用学科写作来整理学习知识、复习学习内容、迁移学习成果。

新教育学科写作注重联结学科生活。学科写作始终围绕学科生活，学什么就写什么，用写作整理学习内容，借助写作提高学习效率，充分体现作文教学内容的学科化。学生在教师的指导下写道德与法治作文、数学作文、科学作文、体育作文、美术作文、音乐作文。

新教育学科写作注重联结学习情景。学科写作是写学生学习生活中的所知、所见、所闻、所感，是在教师指导下的有目标、有计划、有意识的观察、学习和表达。学生和教师都处于学习活动的情景中，习作的指导及时发生，并以此联结在场师生的情感体验、知觉收获和主题经验。[1]

---

[1] 钟传祎. 学科作文教学的"四化". 语文教学通讯，2021（36）.

在语文学科写作方面，青少年文学兴趣的培养与素养的形成，校园文学社团的作用不容忽视，中外很多文学巨匠的创作之路都是从校园文学社起步的。面对当下校园文学社日渐式微的实际情况，学校应发挥主导作用，通过常态化开展文学讲座、征文评比、写作经验分享等活动，编辑出版文学社团期刊，为有文学梦想的学生营造诗意栖居的空间。如，新教育莒南三小就为孩子们成立了晓风文学社，创建了社团期刊《晓风文学》。孩子们将文章编辑成稿并设计封面，老师则负责电子稿的制作和美化。晓风文学社还成立小记者团，利用寒暑假和周末组织学生参与社会实践活动。在文学社团以及各项实践活动中，孩子的写作水平得以快速提升。①

在数学学科写作方面，厦门实验小学的谢淑美老师积极开展数学学科写作，基于其学科探索实践还出版了个人专著《数学写作导学法：创新数学教学方式》。新教育实验学校的樊香香老师也尝试将日记迁移到数学作业中，指导学生提出问题，确立研究主题，根据主题坚持每周末写数学日记，激发学生的数学学习热情和写作热情。学科日记的写作过程对学生理解反思当天所学的内容起到了很大的促进作用。②

---

① 张桐源. 莒南三小：在写作中成就最好的自己. https://mp.weixin.qq.com/s/dYl0dC6DcGaeqjSHm8NsUA，2020-07-02.

② 海门新教育. 做一个不忘初心的追梦人. https://mp.weixin.qq.com/s/Uq3jV5r4GBFcQoDUdf5kug，2020-03-16.

**全过程表达：**

新教育学科写作认为，学科写作不仅是一项任务和表现性成果，更是一种重要的素养培养过程和自我塑造过程。① 新教育学科写作的基本训练范式包括：联结、训练、表达、点评。联结是指教师需架起学科和生活的桥梁，创设生动有趣的生活情境，结合学生已有的生活经验，引导学生联系生活学习知识、形成技能。训练是指教师围绕学习内容和生活情境，指导学生观察、体验、想象、思考、讨论、总结。表达是指教师结合教学内容和学习情景，指导学生用各种方式表达自己的思考和收获、总结学习内容、梳理学习思路、提升学习效率。点评是指教师围绕写作成果中知识表达是否准确、知识关联是否恰当进行点评，或者让同伴结合自身的观察、思考、体验来点评。

联结是基础，创设情景；训练是路径，强化体验；表达是核心，总结梳理；点评是关键，凸显目标。表达与分享贯穿学科写作的始终。学科写作适时切入学科的训练，通过写作促进学习、通过写作了解学习、通过写作评价学习。

2001年开始，钟传祎老师就围绕作文与学科的整合开展实验探索，构建了学科作文教学理论体系。目前，钟传祎老师及其团队将学科阅读与学科写作相结合，进行学科教学与作文教学的指导，已经形成了学科作文系列丛书，包括数学作文、美

---

① 王奕婷，陈霜叶. 芬兰"现象学习"的发展与启示——访"现象学习"的创建者科丝婷·罗卡（Kirsti Lonka）教授. 全球教育展望，2022（04）.

术作文、音乐作文、体育作文、科学作文、道德与法治作文，等等。钟传祎老师的学科写作实践关注学科写作的全过程，师生在"联结、训练、表达、点评"中对学科知识进行更深入的思考和探索，实现及时的表达与分享，具有全面性、开创性、前瞻性和可推广性的特征。

### （二）新教育教师写作：书写自己的教育史

当前教师写作面临着一些具体的问题，比如，功利性写作导致教师丧失写作热情、表象化写作导致教师写作"流于表面"、短期性写作导致教师写作难以形成长效成果、孤立性写作导致教师写作缺少同伴精神支持……新教育倡导的教师写作，正是要在困境中突破重围，让教师自主自觉参与写作，让写作成为教师的一种生活方式，帮助教师进入去功利的写作状态，真正实现通过写作解决教育问题、揭示教育规律，从而引领教师走向专业发展的新高度。

#### 1. 新教育教师写作的内容

教师写作一般也称"教育写作"，我们之所以不用这个概念，是因为它指称的写作主体不太明晰，容易引起误解。新教育教师写作是教师的专业写作，不过，教师专业写作不是要让教师成为专业作家，而是结合教育这个"专业"，以学科知识、教学实践为原料来写作，以此推动教师的专业成长。

新教育教师写作是新教育写作最不可缺失的一环。没有了教师对写作的理解、行动与推动，新教育学生写作和新教育共同体写作都将失去最基础的支撑。新教育将"专业写作"作为教师成长"三专"的重要内容，就是希望教师学会专业表达，站在自己的肩膀上攀升，到更高的价值层面寻找生活、生命的意义。

根据新教育研究院院长李镇西博士的总结，新教育教师写作大致可以分为八种形式。一是教育备忘，即俗称的记"流水账"或者工作日志，它的功能在于为日后写作留下记忆的线索。二是教育杂感，即对某些教育现象的即兴思考，也称"教育随笔"，"杂感"之"杂"更多是指思考对象非常宽泛，"杂感"之"感"则是强调了思考的特征。三是教育故事，指的是在实践中发生的值得记录的、有情节、有寓意的一段教育经历，教育故事的特征是有意义、有趣味、相对完整，撰写教育故事时要注意保持现场情景，不要过度阐释。四是教育案例，即对一个教育（含教学）实际过程的描述和分析，侧重于对教育过程的分析。五是教学实录，即对课堂教学过程完整而详细的记录及反思，教学实录最大的特点是原汁原味的现场感。六是教育论文，即专门论证自己某一个教育观点的文章，从问题出发、用思考统率、以事实说话、让数据发言。七是教育书信，即教育过程中与学生往来的带有教育意义的信件。八是教育文学，即有关教育的诗歌、散文、小说、剧本、报告文学等。

新教育一直强调，一个人的专业写作史就是他的教育史。无数事实表明，教师专业写作可以帮助教师摆脱精神桎梏、唤醒教育灵气、实现专业突围，过一种有价值、有尊严、幸福完整的教育生活。

## 2. 新教育教师写作的意义

新教育教师写作的本质是为了自我成长，是为了让自己的教育教学更加有滋有味，让自己的教育生命更加有声有色。新教育教师写作不是单纯的写作，它与实践相随、与阅读同行、与思考为伴。实践是它的源泉，阅读是它的基础，思考是它的灵魂。许多新教育榜样教师的成长已经证明，坚持不懈的教师写作，能够使一个教师由普通走向卓越，由平淡走向幸福。

**培养教师的反思能力**。任何一位教育者同时都应该是一位思考者，反思能力是教师专业发展必须具备的能力。正如叶澜所说，没有反思的经验，只能是狭隘、片面、肤浅的经验；不会反思的教师，他的教学能力和水平至多只是经验的累积。[①] 写作有助于教师在日常教育生活实践中以一种自觉的、超越的、批判的方式，以敏锐的洞察力和高度的思辨力对教育生活和教育经验进行再叙述。新教育教师写作对教师思维的训练，对教师逻辑的严谨性、分析的严密性、语言的准确性的训练，都有着积极且重要的作用。

教育生活由无数的碎片组成，这些碎片往往会形成破碎的、未经省察的经验，使教育教学在比较低的层面上不断重复。而

---

① 李再湘. 教师专业成长导引综合素质与专业素养. 长沙：国防科技大学出版社，2008：104.

通过新教育教师写作，教师将不完整的、零零散散的、未经省察的教育经验和经历进行合理有效的整合，赋予"零星的教育生活碎片"以自身理解与构想，形成独有的教育经验并融入教育生活，教师的教育实践将更加富有洞察力。新教育教师写作是一种梳理表达，是教育思考的重要途径。可以说，没有一种方式可以像新教育教师写作那么深入、那么系统、那么殚精竭虑，也没有一种方式可以像新教育教师写作那样平易近人，并给人以不一样的成功回报。

**改变教师的行走方式。**新教育教师写作除了在思想上帮助实现教师的自我塑造之外，在行动上也支持教师的积极转变。新教育教师写作的实践功能促进教师的自我觉醒，发挥对教育实践的引导和规约作用。记录失败与教训，可以提醒自己避免重犯同样的错误；描述成功与经验，则可以在暗暗得意的同时，情不自禁对自己说："下次我会做得更好！"新教育教师写作让教师停下来思考得更多更深入，以写作的方式梳理思路、澄清心理过程，以此改进教师的行动目标和行动方式。每一次经验的整理都能让成功变为可预见的明天；每一次教训的反刍都能让失败成为不会重演的过去。这就是"写十年教案不如写三年反思"的重要原因。

教师写作的过程就是增进教师知识的过程，知识的富足帮助教师自如地应用于课堂，提升教师自信。这种自信能够感染学生、感染课堂，从而改进教师行动、提升教学成效。写作和实践在这里得以良性互动。也正是在这个意义上，李镇西老师说，所有年轻教师的成长，无非就是"四个不停"——不停地实践，不停地思考，不停地阅读，不停地写作。①

**引领教师的教育研究**。教育离不开教师，也离不开研究，教师的教育研究则离不开写作。记录是教育研究最坚实的大地，教师是"大地"上的实践者和研究者，写作则是发挥教师双重身份优势的最重要的手段。新教育教师写作与教师的反思活动、研究活动紧密结合在一起，打破了以往传统的教育研究形式，每一位教师都有机会成为研究者，每一个教育故事都有可能成为研究对象。

事实上，教师的教育行为本身就具有研究性质，而写作就是教师开展教育研究的重要方式，不过它有别于专门的学术研究，是一种知行合一的行动研究。教师也可以为表达自己的"理论"成果而写作，这种理论与他的实践内容水乳交融，具有强烈的直观性和实践价值。这样的写作不仅可以更有效地服务于教师的教育教学实践，也可以丰富教育理论。

**书写教师的生命传奇**。新教育教师写作是人人可以行动的教师写作，"行动就有收获，坚持才有奇迹"，这是新教育的一贯信念。新教育教师写作最强调坚持精神。新教育实验中，很多老师从写作小菜鸟成长为写作高手，成为名师和名校长，创

---

① 李镇西. 李镇西教育知行录. 太原：山西教育出版社，2019：114.

造了自己的生命传奇。新教育王辉霞老师在阐述写作的意义时谈道:"写作带来最大的好处,就是讲话做事更有条理,阅读能力和工作效率、自我价值实现感等也随之提高。我在写作中逐渐摆脱自卑弱小心理,遇见了自信幸福的自己。"新教育网络教师学习中心(即原"新教育实验网络师范学院",2021年更名为"新教育网络教师学习中心",简称"新网师")的王小龙老师也谈道:"从实践中捕捉问题,从阅读中获取工具,经过文字梳理加工,针对问题提出解决、应对之道。这样通过写作的积累,自己拥有了一种踏实的自信心和沉甸甸的成就感,也真正体验到了职业的尊严。"新教育所倡导的教师写作,意义正在于此。

新教育教师写作凝聚着教师的心血,记录着教师教育行走的坚实脚印,见证着教师的成长历程。新教育教师写作映照着两个自己,一个是现实生活中的自己,一个是教育文字中的自己,两个"我"交相辉映,这是一种生命的成就感,也是作为教育者的尊严感。

**传播教师的教育智慧**。通过写作发表文章、出版著作,能让教师感受到一种沉甸甸的成就感,也会赢得学生的崇拜和同行的敬佩。更重要的是,这也是教师传播教育智慧、分享教育经验的最好的路径。如果自己的经验和智慧只能面对面地交流,传播的时空总是非常有限的,但是通过文字传播,其辐射和影响的范围则是无限的。尤其在互联网时代,蕴藏着教育智慧的教师写作通过微博、博客或微信公众号的广泛传播,为教育者的未来工作和其他读者的未来工作提供有价值的、切实可行的方法，让远方的教师和学生共同受益。

世界上的许多东西都会烟消云散，只有文字是永恒的。从某种意义上说，生命体现于记忆，一个人失去了记忆，等于精神死亡。如果一位教师忙忙碌碌几十年，"什么文字都没留下，退休后所有曾经激动人心的故事都想不起来，记忆一片空白，你凭什么说你有过有滋有味的教育生涯，有过有声有色的青春年华？"① 所以，新教育教师写作不仅可以"为未来留一份让自己或怦然心动或热泪盈眶的温馨记忆"，而且可以通过这些文字让自己的精神生命永在。

### 3. 新教育教师写作的特点

**强调理解与反思**。教师写作必须对教育教学现象，比如发生在课堂里的故事、发生在班级里的故事、教师自身的遭遇等进行分析，这种分析是经过教师自身的观察和思考，运用教育学、心理学以及学科理论进行的反思研究。因此，调动专业积累、理解教育教学现象非常重要。从这个意义上说，阅读是写作的前提，大量阅读以后的写作才会有深度、有高度。教师的写作也会进一步推动教师的教育阅读，促使教师丰富教育学、心理学以及学科理论的专业积累。"阅读理解 —— 教育实践 —— 写作反思"能让教师的"专业性"得到较快提升。

---

① 李镇西. 一线教师为什么要写文章？—— 教育写作微讲座（1）. https://mp.weixin.qq.com/s/BC4JIHVx_xaMAMlg2pEIWQ，2020-06-19.

**强调与实践相关联。** 新教育一直坚持只有做得精彩、活得精彩，才能写得精彩。教师写作建立在教育实践的基础之上，教育实践决定着教师写作的内容和水平。教师写作离不开对日常教育教学的观察、记录与反思，同时要服务教育实践、改进教育实践，写作与实践始终编织在一起，彼此促进，一起向前。

**强调真实而个性化的呈现。** 新教育主张教师写作要恢复最纯真的目的和最本真的样貌。教师写作需要注重学理、事实和逻辑，但应该避免千人一面，注重"个性化"。新教育教师写作注重内容的科学性、客观性和逻辑性，表达的真实性、简洁性和思考性，尽可能客观呈现，不必过分依赖文学性的语言修辞技巧。

"板凳要坐十年冷，文章不写半句空"。针对教师写作的程式化、"八股化"，新教育写作倡导写自己独特的故事，表达自己独特的见解，有自己创新的追求。吕型伟先生说："老生常谈我不谈，人云亦云我不云。"个性化写作不仅仅是对学生写作的要求，也是新教育写作的根本遵循。

**强调教育教学案例研究。** 近年来，以案例为主的质性研究也受到了前所未有的重视，质性研究成果的表达方式，如讲述"现实主义的故事""忏悔的故事""印象的故事""批判的故事""规范的故事""文学的故事""联合讲述的故事""现代主义民族志的手法"（如对话、超现实主义文本、诗歌、戏剧、小说、电影等）等，也越来越受教师青睐。教师在教育过程中会遭遇层出不穷的教育问题，其实，这些问题有很大的相似性，在一间教室里发生过的事情，在其他教室里往往也发生过，甚至在同一个教室里还会继续发生。教育实践的问题很多都是普遍性问题，问题的类型也是有限的，比如早恋问题、作弊问题、上课开小差问题、教育惩罚问题、学生竞争问题等。如果对典型问题进行集中的案例研究，可以为所有教师处理教育问题提供可供参照的珍贵资源。

### 4.新教育教师写作的方式

新教育特别强调以生命叙事的话语方式，发现榜样、呈现榜样、言说榜样。在每年的新教育年会、实验区工作会议、国际高峰论坛及各实验区校的新教育研讨会、现场会、开放活动中，生命叙事环节已成为一种惯例。可以说，经过多年的实践探索，新教育生命叙事已经成为新教育教师写作的独特形式，为越来越多的新教育人所熟悉。

第一，体现生命性。新教育人的生命叙事是生命在场的言说，言说的过程即是生命体验再现的过程，而其中所展现的生命故事、生命感悟、生命价值，无一不让读者沉浸其中，形成深刻的共鸣。好的叙事绝对不是空转笔头，而是实实在在做出来的故事；好的叙事绝不是用文字游戏方式粉饰出来的，而是真实的生命在燃烧。新教育生命叙事首先是一种生命的践行，其次才是一种生命的记录、一种生命的怒放，在这之中始终流淌着对生命完整、生命成长、生命幸福的深切关注。

第二，凸显故事性。生命叙事就是讲生命故事，讲生命在成长中不断形成的对生命的经验、体验和追求的故事。把教育生活作为一个有待解读的文本，让亲历过的生活本身来说话，以讲故事的形式表达自身对生命的理解与解释，克服无意识或不自觉的生命状态。讲故事，就要回到过往的情景之中，重现过往的细节，让叙事具有生命的丰盈感和血肉的温情。

第三，坚持夹叙夹议。同样一个故事，把它叙述出来，是一个最基本的层次，属于前科学的视角。在叙述的过程中，用教育教学的原理进行分析，就深了一层，属于教育科学的视角。如果还能从哲学的层面来思考，就更深了一层，属于超科学的视角。生命叙事不能满足于就事论事，应该用教育教学的原理来阐释，若能站到哲学的高度就更好了。这就需要采用夹叙夹议的表述方式，边叙述边议论，叙述与议论穿插进行。

第四，实现新教育化。新教育将生命叙事作为特色表达，其话语方式当然要求新教育化。首先要在语言表达中原汁原味呈现"过一种幸福完整的教育生活""共读共写共生活"等新教育的特有话语。新教育许多重要的提法，是经过深思熟虑打磨出来的，承载了新教育的文化价值，不宜随便改动。其次在叙事过程中，要自然地融合营造书香校园、师生共写随笔、聆听窗外声音、缔造完美教室、研发卓越课程、推进每月一事等各项行动的内容，因为新教育的行动项目都是综合性的。

在新教育生命叙事的引领下，一批又一批的新教育老师纷纷加入新教育教师写作中来，在持久的生命叙事中收获了惊人的成长。

苏州姑苏区一所新教育实验学校的校长侍作兵和他的夫人杨海波，十年前在海门听了一场新教育实验的报告，当场决定参加"成功保险公司"，结果不到十年的时间，夫妻双双评上了特级教师。湖北省松滋市实验小学的黄华斌老师一直专注于写作，在《中学语文教学通讯》《语文报》等语文报刊发表文章300多篇，成了多家中学语文报刊的专栏作者，获奖教育论文无数。新教育网络教师学习中心的张小秦老师通过生命叙事，在《小学语文教学会刊》《语文教学通讯》等刊物上发表文章50多篇、获奖20余篇，成为多家报纸的特约撰稿人。淄博市临淄区教研室于春祥老师坚持写教育随笔，三两年时间出版了《春祥夜话》。吉林市小学语文教师张曼凌每天给孩子讲故事，并且写下讲故事的场景、情境，出版了《小曼讲故事》一书。[①] 江苏省海门实验学校附属小学的唐朝霞老师坚持写教育随笔，带领学生实践"田园作文"，最终站在了"教海探航"一等奖的领奖台。

类似的案例在新教育教师写作中数不胜数，无数成长中的草根教师的经历都在述说着新教育教师写作的意义与价值。新教育教师写作书写的不仅仅是文字，不仅仅是教育实践，不仅仅是教育思想，更是一场精彩的教育人生。

---

① 朱永新. 新教育实验的师生共写——从书写作品到书写人生. https://mp.weixin.qq.com/s/kzD8uAKe5dOA3wyK2H_omg，2021-08-18.

## （三）新教育共同体写作：在写作大家庭绽放自我

新教育共同体写作包括新教育家庭写作、新教育家校共写、新教育师生共写、新教育教师共写和新教育网络写作。当前，家庭内部、学校内部以及家校之间都不同程度上存在着共同语言、共同价值的危机，这已经成为我们民族的一个潜在危机。我们认为，全社会的核心价值体系与共同思想基础的形成，必须从家庭、从学校开始。我们亟须重建共同的语言，亟须拥有共同的价值取向，亟须用真诚的共同行动来创造共同的未来。新教育认为，新教育共同体成员只有在共读共写中丰富知识、发展思维、促进精神成长，才能形成共同的语言、密码以及共同的价值观，一起过上幸福完整的教育生活。

### 1. 新教育家庭写作

#### （1）新教育家庭写作的内容

新教育家庭写作是新教育写作的重要内容，也是推进家庭教育发展的重要途径。"80后""90后"成为新一代父母后，越来越多的家庭认识到了读写的意义和价值，家庭写作正在成为一种崭新的生活方式。新教育家庭写作以家庭为背景，以亲子写作为切入点，将父母与孩子通过写作联系在一起，在长时间的写作互动中培育一种精神合力，形成良好的家庭文化氛围。新教育家庭写作的关键是父母和孩子共同参与，在写作中沟通交流，在写作中了解彼此、包容彼此、共同成长。父母和孩子因为写作而紧密地联系在一起，会创造更多有质量的亲子时光、更多高效的互动沟通、更多深刻的对话思考、更多有价值的生命成长意义。新教育家庭写作已经超越了文字的实用功能，被赋予爱、家庭、共同话题、共同使命等精神价值和成长意义。

(2) 新教育家庭写作的意义

**提升家庭的觉察力**。写作需要观察和思考，需要敏感和细腻。新教育家庭写作能有效提升父母的教育思考力和觉察力，从而有效提升家庭成员之间的相处能力。原生家庭、成长环境、依恋关系是形成一个人心理轨迹的必要条件。新教育家庭写作可以提升每一个家庭成员的思考力和觉察力，改变原生家庭的生活方式，从而改变原生家庭的成长环境乃至依恋关系。

**提升家庭的沟通力**。亲子通信的过程就是父母与孩子互动的过程，也是彼此更加亲近的过程。大部分中国家庭都有"爱的尴尬症"，不管是大人还是孩子都不愿意表达。在这种含蓄、内敛、矜持的传统之下，亲子通信成为家庭黏合剂，用"笔"代替"嘴"，拉近父母与孩子之间的关系。新教育家庭写作本质上是一种爱与自由、和善而坚定的陪伴方式、沟通方式。新教育家庭写作的意义之一就是通过这种沟通，让孩子感受到父母的用心和尽心，帮助建立良好的亲子关系，从而实现有效的家庭教育。

**提升家庭的成长力**。孩子写父母，就要观察父母，在日常对家庭小事的关注中察觉家人的爱与温暖，提升敏锐观察力的同时培养对家人的感恩之心。将情感融于家庭写作，对于孩子成长为一个心怀感恩、对自己负责、对家人关心、对朋友仗义、对社会尽责的人具有重要意义。父母写孩子，也不是单纯的"记录"，实际上还包括了观察、关心、陪伴、共情、反思等一系列过程。新教育家庭写作之所以让父母也成为写作主体，其中的重要原因就是希望父母以孩子为镜，在子女身上看到自己的缺点与不足，不断修正自己、完善自己、成就自己。没有父母的成长就没有孩子的发展。父母在写的过程中一定会发现自己知识的匮乏、表达的欠缺、心灵的疏忽、思考的浅陋，从而倒逼自己坚持学习。新教育家庭写作不仅关乎孩子的成长，也促进父母的成长。

**提升家庭的文化力**。所谓"家风"就是指家庭的作风、风气、风格与传统，是一个家庭长期培育形成的一种价值取向、性格特征和文化氛围，一般是指由父母或祖辈提倡并能身体力行，用以约束和规范家庭成员的风尚和作风。① 当写作成为家庭的习惯和日常，对家庭成员的人格培养和行为养成具有"润物细无声"的作用和意义。在新教育家庭写作中，父母作为长辈发挥榜样作用坚持写作，孩子不仅践行、模仿，也会对父母产生更深的尊重和信任。像家族月报，在今天完全可以通过美篇、PDF等形式来编辑和发送，从而把小家风建设提升到大家族建设中去。家庭写作看似是家庭的一小步，实际上是家风建设的一大步。

---

① 朱永新. 新家庭教育论纲——新教育在家庭教育上的探索与思考. 长沙：湖南教育出版社，2020：17.

新教育家庭写作以"写作"为载体，提升对家庭教育意义和价值的认同感，在家庭范围内形成共同的语言、共同的价值、共同的密码，帮助每一个家庭书写自己的家庭故事，让写作成为家庭教育的一个看得见的、可操作的重要抓手和重要推手。

(3) 新教育家庭写作的特点

**陪伴性**。家庭是人一生的港湾。孩子呱呱坠地的那一刻起，父母就成为他第一任老师，家庭就成为他最初的归属。哪怕踏进教室，步入职场，家庭永远是人们要回归的地方，它伴随着我们的一生，发挥着长久的影响。新教育家庭写作以优雅的方式——文字来陪伴孩子，这种陪伴不是一时的，而是永久的，这些文字不会因为年代的久远而暗淡，反而会因为时间的流逝而愈加闪闪发光。

**示范性**。写作教学是当代语文教学的难点和痛点，无数孩子一到写作文就头疼。新教育家庭写作将文字的交流视为家庭交流的日常方式，帮助孩子端正写作动机——作文不再是一份作业，而是一种心与心的交流，并且让孩子在与父母共同参与的家庭写作中感受到表达的温情和乐趣。孩子最初观察世界的方式都从父母身上习得，父母的一举一动影响着孩子的外在行动与内在人格，他们的言行决定着孩子的品行。父母的写作陪伴和写作示范，能帮助消除孩子对写作的心理阴影。

**教育性**。父母日记里对孩子点滴进步的肯定，对孩子成长问题的分析就是一种教育性写作。亲子写作中对孩子的困惑的回答、对孩子的观点和看法的理解，都是教育的一部分。文字的解答能给父母充分思考和探讨的时间，父母可以商讨后再作回答。新教育家庭写作的书面回答比口头回答更系统、更深入，也更正式。

**及时性。**新教育家庭写作的及时性不是随意性。家庭写作的及时性恰恰是对时机的把握。今天发生有价值的事情再忙也要记录，因为这是教育的时机来了。亲子通信中，孩子提出了困惑和迷惘，父母再忙也要拿起笔来回答。新教育家庭写作具有教育性，教育讲究时机，时机把握得好就能事半功倍。

(4) 新教育家庭写作的方式

新教育家庭写作主要有以下三种形式：

**第一，父母日记。**家喻户晓的《哈佛女孩刘亦婷》出版至今销量破千万，这本书是刘亦婷妈妈的育儿日记，她孜孜不倦记录下女儿十八年的成长。尹建莉的育儿手记《好妈妈胜过好老师》销量破七百万，记录了一个教育专家与孩子十六年的共同进步。父母通过日记的形式记录孩子的成长历程，甚至可以影响千千万万普通家庭，唤起千千万万父母对家庭教育的关注。父母日记既是记录儿女成长历程、留下宝贵成长历史的重要方式，更是父母通过文字反思自己的家庭教育、反思孩子的成长状况、不断调整自己的教育方式的过程。事实上，早在1774年，教育大家裴斯泰洛奇在《一个父亲的日记》中就已使用日记描述的方法来记录孩子的成长。他通过跟踪观察，写下观察记录，将它称之为"教育3岁孩子的日记"。教育家陈鹤琴、叶圣陶也都做过这样的工作。家庭日记的价值远远超乎我们想象，它不只是家庭教育研究的起点，甚至可以成为教育研究的起点。

第二，亲子通信。"亲子沟通，从'信'开始。"亲子通信作为亲子沟通的重要形式越来越得到人们的关注，但大多停留在简单的节日祝福、家庭作业层面。新教育家庭写作倡导的亲子通信希望这种信件的交流能够成为一种家庭日常，真正成为有效沟通的工具。父母和孩子作为写信人主动参与"通信"，用"信"构建父母与孩子的共同语言和密码，让"信"成为他们共同的精神家园。作为日常的亲子通信，使"信"更具教育意义。这里的信，既可以是手写的信，也可以是通过电子邮件、微信和QQ传送的电子信。电子信本质上不同于随手随意的短信，称呼、问候语、祝福语、署名、时间等写信要素俱全，信的形式感决定了仪式感。亲子通信尤其适合出差时间多、跟孩子见面时间少，以及工作繁忙没有时间跟孩子进行心与心交流的家长。

前《中国青年报》记者谢湘的母亲谢慕兰，从20世纪70年代到21世纪之初，30年间保留家人之间的往来书信近2000封，后由女儿整理出版为《慕兰家书》。[①]60多年前，傅雷以信传情，把教育儿子的话写成一封封书信，漂洋过海，传送给大洋彼岸

---

① 北晚在线．"清风北京·廉洁齐家"家风作品 征集活动持续开展 传扬优秀家风．https://www.takefoto.cn/viewnews-2506547.html.

的傅聪。这不仅是一封封简单的书信，更是一个个等待拆封的人生锦囊。①家庭的家书作品，让人体味到见字如面、纸短情长的挚爱亲情。

**第三，家庭月报**。家庭月报是以家庭（家族）为单位，每月出版文化报的家庭活动。在信息和交通越来越发达的今天，家庭（家族）成员聚在一起的时间却越来越少，得到的家庭（家族）信息也往往越来越碎片化。亲人之间、家庭之间有温暖、有计划、有内涵的交流显得弥足珍贵。家庭成员共同参与写作、编辑家族月报，每月发表家庭趣事、糗事、好事，有利于形成彼此关心、增进理解、共同成长的家庭（家族）氛围。家庭月报可以以微信公众号的形式呈现。创办家庭月报不仅是一项家庭活动，更是一个关心彼此、陪伴彼此、共同理解、共同成长的过程，家庭、家教、家风、家族建设在潜移默化之中构建起来。

### 2. 新教育家校共写

#### （1）新教育家校共写的内容

新教育家校共写主要指师生之间、教师与父母之间通过交互书信、便签等，让教师、孩子与父母共处一个生命场中，共同创造意义与价值。新教育家校共写是家校合作共育的重要内容，它建立起家校之间及时交流与分享信息的沟通渠道，以多种方

---

① 宋仕杰妈妈. 莒南五中：亲子共读《傅雷家书》有感. https://mp.weixin.qq.com/s/SY70RN0DBTVtremCsQLiGw, 2022-02-10.

式邀请教师、学生、父母参与到共写中来，创造性地开展形式多样的共写活动，增进互信、促进合作，让共写成为家校的日常教育行动。

(2) 新教育家校共写的意义

**缓和家校矛盾**。新教育家校共写重视学校与家庭的互动。父母与教师之间的沟通能帮助缓和家校矛盾，增进彼此理解，提高父母对教师和学校教育的满意度，形成一种友好的家校氛围，共同携手助力孩子的成长。在家校共写中，父母对教师、学校提出的合理要求，一方面可以让学校和教师得以重视乃至改进，另一方面可以成为优化教师教育理念、提升学校教育质量的动力，帮助修正学校教育的不足。从父母（社会）注入学校的改良要求，往往比学校行政提出的要求更具行动力。

**优化家庭关系**。"家校共写"可以成为"父母学校"的"回家作业"。学校和教师可以通过共写活动向家庭传递科学的教育观念和教育方式，帮助家庭成员在教育问题上形成一致的、正确的教育目标，从而有效避免家庭成员之间因为教育问题而产生的矛盾，缓和紧张的家庭关系，形成尊重、有爱、可亲的家庭氛围，推动家庭、家风的建设与发展。

**促进共同成长**。新教育倡导的家校共写将教师、孩子与父母联系在一起。大部分父母需要具有专业知识的教师的引领才能少走弯路。共读共写共同生活，会形成一种相互激励的力量，让父母在共同体中，共同面对问题、分析问题、解决问题，坚持不懈地深度卷入到教育中来。① 新教育家校共写的过程是教师更加了解孩子的过程，教师与父母的沟通在某种程度上也是为了更好地了解孩子、帮助孩子、教育孩子，不断积累教育经验、改进教育方法、提升教学能力。家与校、教师与父母最关键的联系就是孩子。有了用心的父母和用心的老师，孩子的进步和成长是必然的。

**破解写作难题**。写作在大多数孩子眼里是一根"硬骨头"，一提到写作就愁眉不展。在新教育家校共写中，教师在写、父母在写，写作成为一种生活的需要，一种有价值、有意义的生活方式，孩子的写作观就能得到根本扭转。根据新教育实验的生命叙事理论，每个人都是自己生命故事的主人翁，也是自己生命故事的作者，能否把自己的生命写成一部伟大的传奇，在很大程度上取决于我们能否为自己寻找人生的榜样。② 教师和父母在场的家校共写，给孩子带来了"双保险"的写作榜样，加上教师和父母有意的鼓舞和激励，孩子的写作畏惧感会得到有效根除。

### (3) 新教育家校共写的特点

在"过一种幸福完整的教育生活"的引领之下，新教育家校

---

① 朱永新. 家校合作激活教育磁场——新教育实验"家校合作共育"的理论与实践. 教育研究，2017（11）.

② 朱永新. 家校合作激活教育磁场——新教育实验"家校合作共育"的理论与实践. 教育研究，2017（11）.

共写呈现出以下特点：

**平等性**。教师、孩子、父母作为新教育家校共写的共同参与者，应当具有平等的主体地位。教师不能漠视孩子，不能压制父母；父母不能忽视孩子，不能轻视教师；孩子对教师、对父母应当给予应有的尊重。只有在三方保持平等独立而又相互联系的前提下，才能使家校共写有效运转。

**合作性**。新教育家校共写的一致目标是共同致力于幸福完整的教育生活。教师、孩子、父母为了这一共同目标，可以协商制定家校共写协议书，突出强调合作理念。不仅是教师与学生之间，教师与父母之间也应当保证教育思想和步调的一致性。家校共写呼吁三方合作，实现对家校生活的共同书写。

**理解性**。为了尽可能避免矛盾冲突，家校共写必须坚持理解原则。以理解为基础，才能使交流更加畅通。在新教育家校共写的各种计划中，无论是教师、学生还是父母都应该多一分理解，多一分宽容。只有愿意倾听、表达尊重，才可能达成家校共写的理想效果。

**坚持性**。新教育家校共写强调坚持性原则。将家校共写常态化、制度化，基于不同社区、不同学校、不同家庭的基本情况，制定新教育家校共写总计划，积极构建并落实家校共写的保障机制，确保家校共写为孩子的成长保驾护航。

**发展性**。新教育家校共写的目的是发展孩子、发展教师、发展父母，没有发展就没有必要家校共写。没有发展的家校共写就是流于形式、浪费生命的家校共写。在"过一种幸福完整的教育生活"的大方向下，新教育家校共写可以没有明确的阶段性目标预设，但一定要有内隐的价值和意义的期待。

(4) 新教育家校共写的方式

一般来说，新教育家校共写主要有四种形式：

**第一，家校信。**家校信通常每周一封，具体频率和发起主体由教师与父母协商，但要做到坚持通信，避免半途中止，影响家校沟通效果以及家校关系。教师每周总结日常教育生活，把全班集中表现的、需要父母共同关注的问题，在周末向全班父母进行介绍，父母们回复后，双方及时沟通。这是由教师发起的面向全体的家校信。面对一些特殊家庭、特殊学生也可以由教师发起"点对点"的家校信。家校信当然也可以由父母发起，父母可以总结孩子在家的表现，也可以提出自己在教育上的困惑，由教师利用网络家长会集中答疑。

在新教育榜样教师飓风出版的《各就各位准备飞：郭明晓 & 致三四年级学生家长的每周一信》中，通过书中的78封信，我们可以看到师生怎样走过三四年级的历程，怎样从容完成从浪漫阶段到精确阶段的过渡，从而让孩子们的生命和心灵日渐丰盈润泽的过程。新教育的榜样教师顾舟群，在两年四个学期中，73封每周一信，成为架设在顾老师和父母、孩子们之间心灵沟通的桥梁，让爱和智慧迅速地传递、汇聚，让孩子们成长为自信而快乐的少年。顾老师将这些家校信进行整理，出版了《改变，从习惯开始——顾舟群致一二年级学生家长的每周一信》。新教育榜样教师张小琴坚持与学生的父母通信，开学时写《请你跟我一起来》、妇女节写《做个不唠叨的好妈妈》、父亲节写《爸爸要做家庭中的定海神针》、期末复习期间告诉父母《除了分数，我们还能有很多》，六年的家校通信中，张小琴老师收获的不仅是学生父母的理解，还有个人的成长与教育的幸福感。

江苏省新沂市行知学校的任敬华老师带领弘毅班的学生、父母一起开展家校共写。弘毅班的孩子和新父母们在家校共写中改变巨大，其间发生了许多温暖的故事：

## 在家校共写中遇见更好的自己

新教育认为："共读共写共同生活，是过一种幸福完整的教育生活的必由之路。"2016年，我初识新教育，也就是从那个时候起，我带着弘毅班的孩子们、新父母们开启了共写之旅。都说一起看过风景，才能抵达内心，在相互激励一起书写中，我们不仅感受到了教育生活的美好，还遇见了更好的自己！

一、家校信：架起心的桥梁

我认为只要有文字，只要有互动，都可以称为共写。比如，我之前一直采用写信的方式给孩子送生日祝福。结识了新教育以后，我的方式就多了起来，写诗、写祝福语等。我喜欢用文字的形式和孩子们交流。

甜甜的爸爸是名警察，对她陪伴极少，她一直觉得爸爸不爱自己。生日那天，我给她写了一封信，她的爸爸听从我的建议也给她写了一封信。她妈妈跟我说："任老师，女儿回来就主动拥抱了爸爸。您的方法真好！我们以后会经常给孩子写信。"第二天我接到了甜甜的回信。信里说感谢我把她变成了一个爱写作的女孩，还在信的末尾给我写了一首小诗。语文课上，甜甜主动地走到台前和同学们分享自己的感受。

书信的力量真的很强大，甜甜在那天的随笔里写道：我终于知道爸爸是爱我的，他给我的爱也许不完美，但却最美。

初三那年，孩子们学习压力很大。我买来一个本子，决定用文字和孩子们交流，给他们减压。没想到他们特别喜欢这种方式。小萱写道：在18岁之前一定要做一件到了80岁想起来都会微笑的事，在这个年纪，能遇见同学们，遇见任老师，并且一起写这个本子，哪怕到了80岁想起来也会微笑。我对孩子们说，这是我给他们写的书，因为封面上有"我们不一样"这几个字，这本书就叫《我们不一样》。爱是双向的奔赴，三月份我生病住院，孩子们也给我写了一本"书"，他们也给这本书起了个名字，叫《因为遇见你》。在病房里，我边看边哭，除了感动，更多的是作为一名教师的幸福。

文字的互动让我们越来越亲密，孩子们在慢慢地成长着，新父母们也在慢慢地改变着。家校的紧密合作让我们的心紧紧地连在了一起。

## 二、真情诗：传递爱的力量

五月，我们共读了《汪国真诗选》。交流课那天正好是母亲节，孩子们模仿汪国真给妈妈们写诗，一首首小诗发到了班级群里，新父母们很受感动。雅楠的妈妈没有忍住，创作了一首《感谢有你》，涵桥的妈妈紧跟着写了《爱，是一场修行》。然后是陆翔妈妈、柏乔妈妈……群里一下子热闹了起来。

根据新父母的特点，使他们的潜能得到充分的发挥，会弥补学校课堂教学资源的不足，将孩子们学习的范围、内涵和资源不断地扩大。趁着这个机会我邀请新父母们和孩子们举行了一场主题为"遇见"的诗歌创作比赛。

我班新父母们来自各行各业，他们写的诗不是很专业，但是每一首都是爱的表达。我突然觉得很幸运，因为能够遇见这些孩子们，能够走进他们的生命，陪伴他们一起成长，是一件多么神奇又美好的事情。我拿起笔，也写了一首《遇见》：

> 是风吹过了树荫
> 遇见你多么幸运
> 午后伴着声声蝉鸣
> 是冥冥之中的约定
> 每一个熟悉的样子
> 未来的梦多憧憬

依旧漫步在这里
每一步都学会靠近

是云飘荡了心情
遇见你多么幸运
时光是一场练习题
是我今生最美的际遇
我们画上的每一笔
孤单不会再来临
青春该有的美丽
让爱温暖了彼此
温暖了彼此的心灵
因为有一个名字
我将会放在心底
沿途的风景
只有弘毅
将伴着我走过四季

　　后来新教育昌明基金会聘请志愿者为这首诗谱上曲,作为我们的班歌,孩子们特别喜欢。

　　活动后,我把我们创作的诗编成了文集,希望孩子们珍惜生命中的每一次遇见。

### 三、随笔集：记录美好时光

这几年来，弘毅班的新父母们在亲子共写活动中改变巨大，其间发生了许多温暖的故事。有癌症患者张妈妈坚持带着儿子写作的故事；有杨妈妈和女儿通过共写，改善了亲子关系的故事；还有七旬老人邢爷爷写书出书的故事……

邢晨两岁时失去了父亲，跟着农村的爷爷奶奶一起生活。邢爷爷在我们亲子共写活动中表现得特别积极，说要给孙女做个榜样。《摇着轮椅上北大》的读后感，邢爷爷是第一个交来的，后来我听说，他不会打字，请教了邻居，用了一天一夜的时间敲出了这3000多字的文章。我很感动，在班级群里表扬了他，没有想到邢爷爷特别激动，他对我说："任老师，我愿意跟着孩子一起读书写作。可是我年纪大了，文化程度又不高，你能不能帮帮我。"我一口答应下来。于是每隔半个月邢爷爷都要从家里坐半个多小时的公交车到学校找我修改文章。他听从我的建议，开始记录和孙女之间的点滴生活，偶尔也写一写自己的人生经历。我真的没想到邢爷爷竟然坚持了下来，还出了三本文集。他的故事感染着我们的老师和新父母们，更感染着弘毅班的孩子们。

我们拿起笔，开始用文字记录生活中的点滴。每学年，我都会把孩子们好的文章保存下来，设计成一本本精美的文集。除了个人文集，我们还有班级文集、研学文集、新父母文集等，每一本都由我亲自写序。

这几年，我总结出了"海阅读、深思考、引诗情、宽视野、大分享"的"弘毅读写模式"。在享受诗意生活的同时，我们的写作水平也突飞猛进。孩子们在各类诗歌作文竞赛中近100人获省市级奖，十几个孩子的文章被《中国家庭报》和学习强国平台选用，我也发表了班级叙事等近30篇。

只要上路，就会遇上庆典。很幸运遇见了新教育，它让我改变了自己，改变了教室里的孩子们，改变了许许多多的新父母。六年的新教育行走，我们以文字编织生活，用写作润泽生命。我们在书写中遇见了美好，也遇见了更好的自己。未来已来，远方不远，我会继续带着我的孩子们，我班的新父母们，用书香丰盈生命，用笔锋书写传奇！

任敬华，一级教师，任教于江苏省新沂市行知学校。2016年新沂整体推进新教育实验，任敬华老师在自己的班级"弘毅"班践行新教育。任敬华老师于2018年获得全国新教育实验先进个人的称号，于2020年获得全国新教育实验十佳榜样教师的称号，所教班级于2019年被评为全国新教育实验十佳完美教室。近几年来，任敬华老师在周边县市通过讲座的形式宣传新教育，引领了一大批老师成为"擦星人"。作为新沂市"缔造完美教室名师工作室"领衔人，任敬华老师帮助年轻老师成长，成为新沂市新教育实验的领头雁。

第二，家校便签。家校便签频率不定，一般每天不少于5人次。教师把当天班上突发的事情用便签的方式和父母进行交流。普遍性问题可以告知全班父母，个别现象可以通知个别父母。家校便签内容既要具体，也要言简意赅、重点突出、自然真诚、耐心恳切。家校便签以手写为佳，如教师的手写字不佳，可以打印后签上自己的手写名字。打印便签的好处在于方便资料保存，便于后续做系统的研究。

**第三，随笔（日记）接龙。**随笔（日记）接龙可以自行约定时间。学生每天完成学业后，对一天的学习生活进行回顾，用随笔、日记等形式记录下来。父母和老师跟随其后，用日记、书信、批注等手段分别写下对话或评点，在接龙中相互激励、拉近关系。师生和父母一起参与随笔（日记）接龙，既可以以班级为单位进行接龙，也可以针对一两个特殊学生进行个性化的接龙。随笔（日记）接龙贵在坚持，它呈现的不只是日记的内容，更是教师和父母的榜样示范。比如，成都武侯区桐梓林小学从一年级开始，就要求学生每天写一句话，记录在校心情、在家表现、周末外出干了什么事等。老师和父母每天对孩子写的话加以鼓励，比如"你的写话书写真好""你特别会从身边的小事写起""你是一个特别会观察的孩子"，等等，引导他们从身边的事去发现、寻找乐趣。阅读、分享老师和父母的点评成了孩子最开心的事。

**第四，家校共育单。**新教育家校共育单主要针对重点学生，由父母、教师和学生一起记录家务、阅读、礼仪等完成情况。新教育家校共育单可以是随记式的，也可以是主题式的，即每个月都有一个"共育主题"。如，九月份的"家务活动"，每周五学生写下本周所做的家务及完成质量，双休日父母写下鼓励性见证语，下周一老师写下激励性评语。新教育家校共育单可以是短期的，如一周、一个月，也可以是长期的，如一学期、一学年，"阅读习惯""作业习惯"等的共育都应该是长期的。

"共同的生活""共同的话题""共同的密码"，这三个"共同"为新教育家校共写提供了共生共长的力量源泉。

### 3. 新教育师生共写

最好的教育教学本该是充满魅力的师生对话过程，这种对话包括口头和书面形式。"师生共写随笔"就是新教育师生对话的一项重要行动，也是新教育写作的一大特色，它通过教育日记、教育书信、教育故事、教育案例分析等形式，记录、反思师生的日常教育和学习生活，促进教师的专业成长和学生的自主发展。在新教育的网络平台上，无数师生的"共写"改变了以前的作业生态和写作生态，写作生机勃勃、硕果累累。在共写的师生互动中，在帮助学生的过程中，教师和学生共同成长，师生共同编织有意义的人生。这样的交互写作，对于师生之间增进理解、加深认同、消除隔阂具有重要的作用，能够帮助师生形成共同的愿景、拥抱共同的未来。

山东临淄的常丽华老师，与孩子们一起按照农历二十四节气编织属于他们自己的农历课程，边做边写，完成了《在农历的天空下》一书。2011年11月，常丽华老师赴澳大利亚学习期间坚持和学生通信，整理后出版了《教室，在书信中飞翔——常丽华与小蚂蚁班的中澳两地书》。①

南通市学科带头人龚锦辉老师坚持"共读，编写共同的语言密码""共写，记录精彩的生命轨迹"，指导"海鸥班"孩子们仿写、写心得、写博客、周练、微写作。三年里，龚老师和"海鸥班"孩子们一起，写下了500多万文字，记录了初中阶段的精彩生活。②

山东省滨州市滨城区逸夫小学的卢振芳老师与学生共同开启师生共写，学生在日记本上写，教师以电子版的方式记录。从2015年到2022年，卢老师的学生们在不同的少年读物上发表多篇文章。在陪伴孩子成长的过程中，卢老师自身也不断成长。她撰写的班级故事已突破100万字，相继发表教育叙事10余篇。卢老师所带的海燕班被评为"全国新教育实验完美教室"，卢老师自己也被评为"全国新教育实验榜样教师"。

成都市武侯实验小学的胡艳老师组织学生一起完成共写任务，聚焦于一个主题的集体共写将教师与学生联结在一起。除了常见的叙事性习作外，胡老师还拓展了戏曲写作、新闻

---

① 朱永新. 新教育实验的师生共写——从书写作品到书写人生. https://mp.weixin.qq.com/s/kzD8uAKe5dOA3wyK2H_omg，2021-08-18.
② 海门新教育. 师生共写随笔心灵自由歌唱. https://mp.weixin.qq.com/s/ArrakBiPyHmM0Qf75nZJgA，2020-07-22.

写作等多样化的体裁。这些作品由教师发布在公众号上，并由教师撰文点评。临近毕业，胡老师和学生一起汇编毕业文集，一本本文集的背后正是师生共同的生活、成长、写作的见证。

新教育的师生们在师生共写中深刻印证了"一个人可以走得很快，一群人可以走得很远"。新教育师生共写催生了一批有思想、有行动的骨干教师，培养了一批有梦想、有目标的学生，提高了师生的写作兴趣，提升了师生的认知水平，改变了师生的精神面貌。过一种幸福完整的教育生活，这是新教育师生共写的根本目标。以下是胡艳老师的叙事：

### 在文字的世界里无尽地延伸

加入新教育实验已经六年了，这六年对于我来说是一次圆梦的经历。我喜欢戏曲、古典文学、写作，这些在新教育实验中都找到了投射点，并不断地对其进行延伸。

一、写作者的延伸：从专家示范到一线师生共写

2017年，我有幸成为李镇西老师研修站第二期的学员。李老师告诉我们：专业写作是教师专业发展的三大法宝之一。李老师每天都要在"镇西茶馆"公众号里发一篇文章，他用行动引领我们，让我们也自觉地开始专业写作。

2017年10月，我也效仿着李老师开设了自己的公众号，取名为"艾弥儿的胡言胡语"。迄今，我撰写了500多篇文章。

2020年,《我就是课程》一文被收入《我与新教育20年》里,两次获得新教育行动叙事特等奖。2022年,李老师主编研修站老师的文集《成长比成功更可贵》,我有两篇文章入选。

专业写作的力量既然能从李老师身上传递到我的身上,那么能不能由我延伸到学生呢?新教育正是这样指引我们的:共读、共写、共同生活是过一种幸福完整的教育生活的必由之路。

于是我开始带学生一起共写,第一个主题叫《双鲤记》,这个名字来源于汉乐府《饮马长城窟行》,讲述的是:有客人送了两条鲤鱼,主人在鱼肚子里发现一封信,写着两句诗:上言加餐饭,下言长相忆。看似平常实则情深,就像是书信,有一种既生活化又浪漫的传统之美。现代的孩子对书信是陌生又好奇的,我们以师生通信的形式让43个同学在暑假都拿起笔,每封信都通过邮局寄送到对方手中。书信内容我都整理下来,发布到了公众号上。

二、写作形式的延伸:从集体共写到个人创作

新教育认为:在班级建设上唯有共读共写,才有可能创造共同的话语体系,才有可能在某种程度上形成班级精神层面的凝聚力。

最大规模的"娃娃写戏"来自一次偶然的教育教学经历,我班的叶小典同学写了一篇跟妈妈去吃火锅的作文,四页纸上全是对话,我觉得这很像戏剧剧本,就跟叶小典说:"要不我教你

把这个作文改成剧本?"他不仅完成了剧本,还写了一首下场诗。既然叶小典能写,其他同学也可以写。于是,"娃娃写戏"成了我们班的保留项目。从四年级上学期开始,每一学期都挑选一篇课文,以小组合作的形式把它改编为课本剧。《一枚金币》《包公审驴》《秉笔直书》《将相和》《四大名著》等,其中《秉笔直书》还被排练成了戏剧节目,搬演到了学校国旗下展示的舞台上,排练过程又被策划成为"娃娃排戏"综合实践活动,获得了区特等奖。

"娃娃写戏"先从戏剧剧本的格式、体制开始学习。西方戏剧多为四幕剧,我国的元杂剧也大多为四折。学生学习如何根据情节进行场次的划分,时间、环境的设置,人物语言与行动提示语的撰写,再逐渐加入戏曲中的上场诗、下场诗、韵白等。"娃娃写戏"从最初的话剧形式,发展到后来,学生能够写出有唱词的戏曲剧本。

并不是所有学生都能顺利完成活动任务,过程中也有学生出现畏难情绪。写《将相和》时,一小组同学出现了相互不配合、相互推脱的情况。我允许他们有消极的情绪,这说明他们需要老师的关注与指点。最后这个小组由我单独花时间进行辅导,小组会开了两次,拿出的作品不能说是多么优秀,但写作过程中我们是倾尽全力的。不是为写而写,而是从写中增强小组合作意识,增加班级凝聚力。

除了"娃娃写戏",还有"娃娃说戏",主要形式是画戏曲绘本并录制讲故事视频。"娃娃论戏",主要写自己看戏、学戏的感受。

有一次我们编排原创戏曲校园剧,果果同学落选了,他下来以后写考试作文,把当时编排的过程写得非常完整,这就特别像昆曲的身段谱。于是我就跟果果建议把它写成属于自己的身段谱,把一次学生的失意变成了他的成长收获。

像果果这样进行个人创作的例子还有很多,我经常根据学生的即时经历进行点拨,建议他们把生活遭遇、文艺特长、兴趣爱好这些具有独特感受的事记录下来。

壮壮是一个很调皮的男生,字也写得很糟糕,但我关注到壮壮有一种类似王小波的黑色幽默。对他那些精致的淘气,我有了新办法——只要是惹了事,就给他一张纸,让他把经过写下来。有一次校长组织他们去开会,给他倒了一杯水,他就把这个纸杯子拿回来,在上课的时候玩,被科任老师批评了,于是就有了《老寇的杯子》这一篇文章,还得到了校长本人的关注。

壮壮写下三件他后悔的事情,整理、修改之后,《悔》这篇文章被发表到《创意小作家》上。有一年我被学校评为了优秀老师,要学生写眼中的老师,我把这个任务交给了壮壮,他这样写道:"胡老师说我像小蚂蚁,那胡老师就是法布尔。"我和壮壮的关系通过共写越来越融洽,同事抓拍的我跟壮壮手拉手去学校的背影,不知道的还以为是俩母子。

### 三、题材的延伸：从单一习作到多文体拓展

《红楼梦》整本书阅读是我们班的一个共读项目，从中提炼出了两个共写主题：同是红楼梦中人，把《红楼梦》的写作方法迁移到自己的写人习作之中；同写红楼梦中人，写《红楼梦》里让你印象深刻的人与事。

根据红楼内容编写的"红楼朋友圈""红楼群聊""红楼热搜"，这种传承加创新的读写结合，让学生既读懂了原著，又产生了自己的创意。

学校经常搞活动，需要出新闻稿，以前都是老师或家长写，我们班成立了新闻写作小组，有了活动就自己来报道。

### 四、评价的延伸：从常规评价到技术支持下的多元互动

一般寒暑假的作文都是在开学以后才收回来看，有了疫情时期上网课的经验，我们做了改变，每周习作在网上提交，在网上点评，学生能及时收到反馈，在下一次习作中进行改正。

在李镇西老师研修站学习期间，李老师经常转发我们的文章，并对每一篇文章都专门作点评。我也在公众号上开专题，专门发布学生的优秀习作和点评。

家长们会经常来公众号下留言，有的亲戚朋友甚至邻居也闻讯前来，这又是一种家校社互动式的评价。一些离异的家长很少见到孩子，但通过看我发布的文章，通过留言也能关注到孩子的成长。

### 五、时空的延伸：从小学生活到未来的人生

毕业的共写主题是编一本毕业文集，在小白同学的文集中，我们能看到她和好朋友、"死对头"之间难忘的人与事，她的文章经过修改，也被发表在杂志上。

小白进入初中的最后一个六一节，要在学校表演昆曲，她从二年级扮演林妹妹到现在终于扮演杜丽娘了。她邀请我去看，学校离我有三十几公里，我下班以后还是去了。

《从林妹妹到杜丽娘》记录的是小白学戏曲、读红楼的经历，获得了学校艺术节征文一等奖。我写的是《从老师到观众》，在最后我是这样写的："从二年级她来当我的小观众，到现在我去当她的观众，我们验证了一种最好的师生关系：上台前是鞭策她勤学苦练的老师，上台后做台侧守候与陪伴的观众。"这一组文章是我跟小白毕业后的师生共写。

李镇西老师曾说，他把教育当作爱好，而我跟他相反，我把爱好变成了教育。李老师为我们出版的师生原创戏曲绘本《浣花笺》作序，名字叫《把爱好与职业融为一体的人是幸福的》，无论是戏曲、《红楼梦》，还是写作，当这些我所珍视的爱好被学生传承，我觉得这样的教育生活就是幸福而完整的。

从李老师研修站毕业时，李老师在纪念证书上是这样说的："是离别，但没分手。是结束，也是开始。在未来的日子里我愿继续与你同行。"我跟我的学生们，也正是通过新教育理念的不断引领，通过共读，通过对话和相互用文字交流，实

现了真正的共同生活,并让这种生活在未知的时空作无尽的延伸。

胡艳,四川省成都市武侯实验小学教师。2017年4月加入新教育,2017年9月至2021年7月加入李镇西博士研修站第二期进行学习,在开发卓越课程、营造书香校园、师生共写随笔等行动中表现突出。2018年、2021年、2022年先后三次参加新教育年会的叙事汇报,两次获得新教育叙事征文特等奖。2020年,《我就是课程》一文入选《我与新教育20年》一书,出版师生原创戏曲绘本《浣花笺》。2019年被评为武侯区优秀教师、优秀班主任,2020年获得新教育榜样教师称号,2021年被评为成都市优秀青年教师。

### 4. 新教育教师共写
#### (1) 新教育教师共写的内容

实践表明,抱团成长是提高写作水平的捷径。一个有生命力的教师写作坊,应该取一个诗意的名字,找到一两个灵魂人物,招募一群"尺码相同"的人,策划一系列的主题活动,写出一批有质量的作品,形成一股强大的写作文化磁场。新教育教师共写指的是以组建教师写作共同体的方式,将爱写、能写、想写的教师汇聚在一起,通过经常性的写作活动,形成崇尚写作的校园风气,帮助教师在文字的雕琢中过一种幸福完整的教育生活。

### (2) 新教育教师共写的意义

**形成雁群效应。**新教育教师共写有利于形成雁群效应，借助榜样人物的行动，唤醒、鼓励其他成员，并凝聚成团队的力量，裹挟更多人卷入笔耕的行列。榜样是最好的说服，示范是最好的引领。写作成员在榜样的感召下，团结互助、协调一致、互相借力、合作共赢。对于任何一项工作，没有团队的协助配合、合力攻关，个人的力量是极其渺小的。新教育教师共写最强调团队精神，团队精神不是反对个性张扬，而是要求团队成员互相帮助、互相支持、互相配合，为集体的共同愿景而努力。

**提升专业发展。**新教育教师共写有利于帮助更多的教师找到专业发展的关键路径，享受写作带来的"复利"，摆脱职业倦怠的困扰，快速提升教师团队的整体素质。写作本身是"一个人的武林"，持久的孤独会淘汰和击垮热情的参与者。新教育教师共写为教师写作构建起一个个相互激励、相互唤醒的写作共同体。教师在共同体的帮助下，获得支撑、获得滋养、获得前行的力量。写作本身就是一种学习和发展，教师日复一日地坚持写作，在共同体中收获的成长，必然能够带动教师团队的整体发展。

**传播学校品牌。**新教育教师共写有利于学校品牌的传播，如果有一批教师持续不断地写作并发表文章，学校就会随着那些文章而声名远播。只要层层立标杆、人人作示范，新教育教师共写就一定能够形成头雁领航、群雁齐飞、活力四射的"头雁效应"，必然能在教育一线引领起鼓舞人心的写作潮流，从而带领一个个教师、一所所学校共同展现不可低估的写作力量。这些教师和学校最终也将成长为支撑新教育写作蓬勃向上的中坚力量。

(3) 新教育教师共写的特点

**一致性**。新教育教师共写意味着教师之间拥有一致的目标与愿景。新教育教师写作共同体建立在自愿、自主的基础之上，是"尺码相同"的人的相聚。一群教师通过阅读、通过写作、通过团队的对话，相互学习、相互帮助、相互启发，共同走向卓越。

**共享性**。新教育教师共写是面向广大一线教师的写作。强调写作的开放性价值和共享性特征，实际上是为了端正教师的写作动机，焕发教师的写作动力，激励教师持久写作。目前，新教育研究院及其分支机构的自媒体以及《新教育报》、"新教育在线"、新教育系列丛书等发表平台日益丰富起来，为新教育教师共写提供了更加多元开放的交流平台。

**互助性**。新教育教师共写充分发挥同伴教学的优势，为教师提供直接而具有针对性的一对一互助交流。教师可以将修改好的作品与其他小组成员分享探讨，从而激发更多的思考。教师有效地从自己和同伴的作品中找到共性的问题并进行修正，逐步培养起独立创作、独立修改的能力。

**鼓舞性**。新教育教师共写为教师提供精神上的激励与鼓舞。

教师写作共同体通过营造相互信任、相互支持、团结融洽的氛围，帮助教师消除职业倦怠、重拾写作信心。教师通过社团打卡、课堂研讨、同伴对话和自我对话，在共同体中找到成长的榜样，获得专业的指导，不断探寻发展方向。

(4) 新教育教师共写的方式

新教育认为，一所真正在乎教师成长的学校，应该为教师的专业写作搭建关键平台，让他们以专业交往的方式站在团队的肩膀上飞翔。

江苏省苏州市吴江区的张菊荣校长在汾湖实验小学工作期间，亲自带领老师们每天用文字记录生活，让老师们把自己教育教学生活的点点滴滴记录下来，做"探索者""思考者""写作者"。由于暂时达不到出版的要求，他们就把这些书称之为"土书"。为了体现仪式感，他们每年暑假都会举行"土书发行仪式"。八年间形成了400多本"土书"，"土书"中的不少篇章还得以公开发表。因为共同体写作，这所学校的老师找到了"诗意和远方"。他这样讲述教师共写的价值与方法：

一个人与一群人：思想长跑的精神意义

2002年暑假伊始，我闯入开创不久的"教育在线"，践行"朱永新成功保险公司"，进行了长达20年的"思想长跑"。当年的这一"闯入"，对于我个人，对于之后我所在团队的精神意义，无法估量。

精神意义是新教育写作的第一意义。人类开始写作或许是为了记事。但是，遥远的古人一定曾经为自己居然能用这样的符号记录生活的伟大创造而感到惊讶，这种强烈的精神自豪感，不亚于人类开始直立行走的那一刻。而对于个人来说，在我们已经淡忘的童年，第一次拿起笔来表达思想的那一刻，也一定带着深刻的精神期待：从此，我可以用这样的方式表达！

当一个人进入了写作，这个人就开始了一趟创造性的精神之旅，对于一个教师来说，尤其如此。新教育写作把写作的精神性推向了极致！"人能磨墨墨磨人"，新教育写作磨砺着人的精神。

2002年暑假开始，在教育理想的召唤下，我开始了"菊荣行思录"的写作。暑假过后，恰逢工作变动，我来到了吴江市教科室工作。于是，我开始了这样的一种生活：白天，与校长、老师们在一起，在学校里吸取实践的营养；安静的夜晚，键盘的敲击下流淌着源源不断的思想。写作，让我把自己与学校紧紧联系在了一起。当一个人与一群人联结起来的时候，精神生活会高度丰富。我的求精神、弱功利的写作取向，从那时起已扎根发芽。

我非常喜欢苏霍姆林斯基说的"日不间断"。但要做到"日不间断"谈何容易。难在坚持，所以贵在坚持。坚持难，最大的困难是你看不到"成长"。我也常常是时断时续地写作，多少次啊，写了一个月，停下；写了两个月，又停下了。有一次，我请教朱永新老师，我说我坚持了，却看不到自己的成长在哪。朱老师给了我五个字："坚持即成长。"

"坚持即成长"，这句话包含着多少的内涵！当一个人坚持着，他的坚持就是他的精神标识，就是他的高贵存在。2006年9月1日，我正式开通博客，宣布要做一场"思想的长跑"。这一天也许来得有些晚，可是思想的长跑，从哪里开始都不算晚。

这一"跑"，便是20年。从市教科室，到城区小学，到重返乡村办学，到主政教育集团，一路上尽管峰回路转，我却因为这"思想的长跑"，从未动摇过精神的指向。

2006年"开博的当年"，"思想的长跑"与"课堂观察"研究完美相遇。在课堂的现场，在文字的天地里，我完全沉迷于对"课堂观察"的琢磨之中。我的文字没有固定体裁，我的思维没有限制，我的思想扎根在大地之上。直到今天，我依然记得那种记录生活、梳理思路给我带来的精神满足，那是一种纯粹的生活。后来，我居然连续在《中国教育学刊》发表了两篇8000字长文，这背后，是30万字的原始记录；记录时我没有想到要写出几篇"宏文"来，更没有想到后来我们还主编出版了17册的《观课议课问题诊断与解决》，我只是把我与那么一群致力于研究的人的思考记录下来而已，我享受的是这种精神成长的过程。

2008年暑假从教科室来到一所当时较为薄弱的学校时，我的心情并不好。朱老师给我的箴言是"经历就是财富"。这一次，我选择了与阅读相关的团队写作，在阅读与写作中，实现精神的多方对话。我们成立了一个沙龙组织，开始了一个名为"细水长流读专著"的活动，在学校论坛上开辟专栏，每天用文字与伟大思想做穿越时空的对话，筑起了这所学校的精神坐标。我们用"日不间断"的方式，在现实的教学中思考理论、展望理想。

这种写作在形式上是低端的，是人人可以为之的；而在精神上是高贵的。高贵的精神不需要豪华的包装，新教育写作倡导无门槛写作，重要的是行动起来，日不间断地做起来，"持续性"让写作成为一种生活，让思考成为一种状态。

2009年，我把与苏霍姆林斯基的"对话"方式移至汾湖实小。以"周"为单位，通过思考近400个问题，学校的创始者们进行了长达一年的"读苏"之旅。老师们甚至没发现自己在写作的时候，就自然而然过上了写作生活。我们的写作涉及教育与生活的全部。第一个学期结束前，我说要把这段"创业史"记录下来，这是学校的财富，也是每个人的财富。36位老师，无一例外地参与了这个"土书写作行动"。每个人都在记录、思考，每个人都进入了琢磨的状态，每个人都在平常的日子里过着高贵的精神生活。当写作成为专业生活方式，学校就理所当然地成为了学校该有的样子。2017年，当我离开这所学校的时候，8年间，老师们创作了444本个人"土书"。

2017年，我把这种通过日常写作进行思考的习惯带到了吴江实小教育集团。在学校行政群里，近两年的时间，我日不间断地发表千字文，我写给大家看，更是做给大家看，让大家看到我是怎样工作与思考的，如何在学校的现场与老师们一起处理问题的；更是让大家看到学校的思想是如何一步一步从萌发到生长的，我写的是与大家共同的思考，是大家熟悉的生活，但我写出来了，我的文字就引发了大家的进一步思考……很快，一种建设学校的智慧生活的愿景扎根了，学校的学术氛围与精神气息弥漫开来，10天一期的《积极生长者（旬刊）》记录着大家的成长故事，10天一期的《积极生长者（学报）》创造着教室里的课程与教学论——这两份没有节假日的小刊物，以及其中不断生长的浩瀚文字，构起了一个教育集团的精神殿堂，我们对他们的珍爱甚至超过了我们发表在各类作品的报刊。

最近，我又把办"旬刊"的做法推广到了"张菊荣名校长工作室"。名校长工作室刚成立，我就与12位校长做了一个约定：在三年时间内，日不间断地发表"每日一语"！我的旬刊系列于是又多了一个《日知者（旬刊）》，近一个月的时间，我们已经积累了近10万字。我并不认为这仅仅是文字！当一个人每天都处于思考之中，这个人怎么会不成为思想者，这个人怎么会不拥有丰富的精神世界？12位校长一起，又将带动多少人？

20年前的一次闯入，20年的思想长跑，我把自己与一群人维系在一起，一个人的坚持可以带来一群人的坚持，而一群人的坚持将会带动更多个体的坚持。我始终相信，写作在，你的精神就在；精神特质，就是新教育写作的第一要义。

张菊荣，高级教师，江苏省吴江实验小学教育集团总校长。2002年7月通过"教育在线"论坛结识朱永新老师，践约"朱永新成功保险公司"，加入新教育实验。坚持20年的公开写作，带动一群又一群的人通过写作进入教育的思考。以新教育思想创办汾湖实验小学，以新教育思想推进吴江实验小学教育集团发展。创造了中小学校课堂观察的基本范式，探索了"教—学—评一致性"的课堂评价模型，形成了新建学校文化、集团化办学内涵建设的实践成果；两次获省教育成果一等奖，获评苏州市特级校长，获评第五届"明远教育奖"。

江苏省南京市幕府山庄小学依托"励进百分论坛"持续推进教师写作。"励进百分论坛"提出了"参与百分百，坚持百分百，热爱百分百"的行动口号，每月至少活动一次，每次100分钟。幕府山庄小学共汇编了《娜写年华》《青青园地》《月下盛开》等教师文集，郭娜、张清等30多名老师的近百篇文章先后在省级以上刊物发表，近十年的实践探索见证了青年教师的成长。学校的教育改革行动故事也多次被央视一套、南京电视台等主流媒体深度报道。以下是该校校长赵仁菊的经验介绍：

## 百分论坛，满分人生

新教育实验认为，"生命就是书写一个故事；教育就是让每个人有省察地书写自己的生命故事"。2013年，南京市栖霞区加入了全国新教育实验区，我校作为实验学校之一，聚焦教师"不想写、不会写"的难题，依托"励进百分论坛"，持续推进教师写作，赋能青年教师快速成长。

"励进百分论坛"是我校青年教师专业发展共同体——"励进百分"俱乐部的一个活动平台，提出了"参与百分百，坚持百分百，热爱百分百"的行动口号，每次活动100分钟。多年来，论坛围绕"推动教师写作、促进教师发展"主题，主要做了以下三方面工作。

一、榜样引领，激发教师写的热情

新教育认为，一个好的教师在他的成长历程中都有自己的榜样。"励进百分论坛"中榜样故事的言说，化解了老师的畏难心理，激发了教师专业写作的热情。

1. 讲述名师故事

古今中外的教育家和名师，无一不是通过写作成长起来的。一次次"励进百分论坛"活动，我们介绍了苏霍姆林斯基、李镇西、李吉林等教育名家的写作故事。我们震撼于苏霍姆林斯基一生写下41部教育专著的创作史，听李镇西校长如何给学生编织童话……名师故事点燃了青年教师的写作欲望，激发了他们的写作潜能。

### 2. 呈现身边榜样

教育写作既要仰望星空，更要脚踏实地。2020年，学校启动"和名校牵手，与名师有约"活动，论坛延展到了名校的舞台。今年3月，"励进百分论坛"走进南京市北京东路小学，该校吴静老师的专题讲座《上出来的论文》，以自己一节上了一百多回的公开课之后"羽化成蝶"的真实经历，启发我们品悟写作要义。

我校青年骨干教师王梦云、郭娜、盛月等相继走上论坛，分别作为阶段教师代表，分享以写作助力专业成长的行动故事，让全校教师看到了身边的榜样因写作带来的蜕变，看到了写作之于成长的价值，激发更多老师进入专业反思与写作的行动之中。

## 二、专业研修，提升教师写的能力

写作是一种实践能力，只有在写作实践的研修中，教师写作的能力才能不断提高。

### 1. 共读专业书籍

"励进百分论坛"就是一座精神家园。学校首先邀请教育专家为青年教师精心选择专业书籍，线上线下同步学习，领航教师的专业写作之路。近几年，我们共同研读了《叙事教育学》《名教师是写出来的》《高效写作的秘密》《研究是一门艺术》等名著，打开了大家的写作视野，开启了专业写作的技巧之门。

**2. 共研专业写作**

（1）搭建研修平台

栖霞教育以不断增进社会福祉，提升教师的职业幸福感为主要宗旨。栖霞教科研云端大讲坛，借力 CCtalk 直播课堂，带领我们奔赴教育的诗和远方。"至慧十人坛"，堪称校园明星梦工厂，由十位青年骨干教师组成，定期开展专题学习、撰写学习心得，由校长亲自批阅。组建微项目研究小组，采取校内校外双导师制，引导组员关注教育生活，撰写研究报告和行动故事。"三对一"磨文小组的建立，助力青年教师专业性文章的提档升级，也成就了一批草根型专家。

（2）聆听窗外声音

基于我校省级规划课题《润泽童年生活：儿童诗校本课程开发与实践的研究》，论坛特邀著名儿童诗人巩孺萍女士进校园，开设讲座《诗意的童年 美好的一生》，让教师学会诗性的话语表达；邀请作家张帆来校和教师亲切对话，阐述教师写作的重要性；和《扬子晚报》展开友好合作，为教师提供写作咨询，邹玲娣、王佳婧等骨干教师成了《扬子晚报》的热心作者。

（3）开展专题写作

近年来，"励进百分论坛"围绕儿童成长、家校共育等主题，多次开展专题写作，引导教师在持续写作中提升能力。去年10月，论坛组织了"励园里的儿童故事"主题叙事，《愿化一路南风》《童心，同心》《等待"仙人掌"开花》等叙事以生动的文字把丰富多彩的教育生活定格于一瞬。论坛还通过组织现场讲述，邀请江苏教育研究杂志社金连平主编点评指导，主编讲述自己在写作中成长的励志故事，给老师们带来了智慧的启迪。

9月，在"拿什么奉献给你——我的家长"主题演讲中，叶明生老师的叙事《家校有路　心桥可通》从"百分论坛"一直讲述到集团教师节表彰大会上，令台下老师、学生和家长泪目。

三、主题分享，交流教师写的收获

"励进百分论坛"的主讲固然不乏名师大家，然而更多的则是教师们的闪亮登场，他们激情讲述，相互润泽。

**1. 读书心得交流**

《励进百分·止于至善》主题阅读分享会，每一季都有幕后的老师被请到台前，做当季的MVP。

2020年寒假，我们共同阅读《未来的学校》。书中对美国200余所学校的深度探访，给了我们更多"贴地飞行"的有趣思考。开学季，"百分论坛"云端开讲，吴震寰老师撰文《让更好的教育来得更快》，她说："学校不妨大胆一点，把'掌握技术'职责分配给学生，而学生培训可以交给校外团队。这和咱们的'小先生'制不谋而合，所以在思想上，幕小已经走在世界前沿。"

读《为了自由呼吸的教育》，我们知道了教育就是一腔真爱，一份宽容；读《做内心强大的教师》，我们会因青年教师也能妥善应对课堂的"意外"而欣喜……这些叙事展现了青年教师们鲜活的思想以及他们所勾勒的教育蓝图。

**2. 行动叙事分享**

新教育倡导生命叙事，以生命影响生命，以故事引发故事。"励进百分论坛"分享最多的是老师们的生命叙事，家校共育故事、课程研发叙事等，这些叙事悄然引领着老师们的思维转型与生命成长。

盛月老师倾情奉上《我们班的爱情风暴》，讲述她如何应对"早恋"的育人故事。张璐老师和大家分享了"半亩方田"综合性学习项目的研究成果，展现了学校劳动育人实践的新样态。

只要行动，就有收获；只有坚持，才有奇迹。这几年，我们汇编了《娜写年华》《青青园地》《月下盛开》等一本本教师文集。30多名老师的近百篇文章先后在省级以上刊物发表，毛善玲老师的研究报告《小课题 大文章》、郭娜老师的案例《青青园地小农夫的梦》在市区级平台交流。更重要的是，教师写作行动的持续推进，促使越来越多的老师一边思考，一边工作和生活，从而成为思想型、研究型教师。学校的办学品位不断提升，相继斩获"全国足球特色学校""江苏省诗歌教育联盟学校""金陵书香校园"等荣誉称号，学校的教育改革行动故事多次被央视、省市电视台主流媒体深度报道。

未来的日子里，我们将继续引领学校教师以笔为桨、以文字为帆，划动生命之舟，驶向生活的明亮彼岸，创造属于我们每个人的"满分人生"。

赵仁菊，小学一级教师，南京市栖霞区幕府山庄小学教科室主任，南京市优秀辅导员，栖霞区语文学科带头人，栖霞区特色教师。自所在学校成为新教育实验学校以来，她积极带领全校教师了解新教育、投身新教育，组织教师参加新教育八项评比，尤其在推进教师写作、赋能青年教师成长方面做了很多有益的尝试，2021年入围全国新教育先进个人评选。赵仁菊老师以长期的教学实践为支撑，提出了儿童诗教学的可行性策略，主持多场"让诗歌点亮童心"系列主题研修活动，开设了多节区级以上公开课。主编校本学材《诗歌点亮童心》已公开出版并获得栖霞区卓越课程奖；主持省级"十三五"规划课题《润泽童年生活：儿童诗校本课程开发与实践的研究》已顺利结题。她以超越功利和狭隘经验的诗教方式让我们感受到梦想的力量与思想的魅力。

**5. 新教育网络写作**

网络写作流行以来，经过多年的淬炼，已经形成了独特的表达风格。一是高度散文化、小型化。不追求宏大叙事，注重从周遭的小人物、小事件、小细节、小物品中挖掘有价值的题材，写出"微生活"。二是口语表达，雅俗共赏。口语化是新媒体写作语言最重要的特点，有时甚至会使用方言书写。当然，我们提倡语言规范化表达，主张使用更丰富的修辞美化我们的网文，以达到雅俗共赏的效果。三是跨文体表达，表达样式多元。

可以利用网络的复制、戏仿、拼贴、视频、音频、图片、超链接等一切技术手段，形成多媒介综合作品。

网络写作是新教育共同体写作的重要内容，是通过互联网平台，采用多样化的形式书写教育生活的一种写作方式。网络写作方便快捷、传播速度快、影响面广、互动及时，在推动教师专业发展、带动学生与家长共读共写、促进师生成长方面具有独特而重要的价值。20多年来，新教育从最初的"教育在线"网站发轫，经新教育网络教师学习中心等新教育机构深化，在网络写作方面积累了丰富的实践经验，总结出了可行的方法模式，孕育了丰硕的教育成果，产生了一定的社会效应。

(1) 新教育网络写作的内容

网络写作包括朋友圈写作和微信公众号写作，以及小打卡写作、简书、美篇、QQ空间、抖音视频类写作等。朋友圈写作是指师生采用比较灵活的形式，通过将自己日常的观察和对教育生活的反思进行或长或短的书写，在朋友圈进行发布。公众号写作相对于朋友圈写作来说一般篇幅更长、更正式、更规范，传播范围更广。小打卡写作是指在小打卡圈，师生围绕自己的教育生活进行写作，在完全开放的环境中相互点评、相互学习，以写作为媒介进行专业交往。抖音视频类写作是指师生写好文字稿后，录制成音视频，通过抖音等平台发布，展现个人的教育生活和观点，将自我的教育生活带出，嵌入丰富的意义，在社交平台上与观众交流碰撞。

新教育网络写作的主要内容有：

**文学作品**。主要指诗歌、散文、童话、小说或剧本等。新教育的许多师生坚持在网络平台创作文学作品，日积月累，培养了写作习惯、激发了创作兴趣、提高了写作能力，陶冶了情操、丰富了生活、拥有了成就感。

**教育随笔**。一是指教师在教育生活中由所见、所闻、所做引发所感而创作的文章，内容包括授课反思、德育心得、阅读体会、活动感悟等。二是学生在学习生活中所书写的日记、体会等。师生通过随笔倾诉心声、沟通交流、分享意义，增进信任、减少分歧，实现情感共振、思想共鸣。

**教育案例**。教育教学中总会有成功的瞬间，也会有遗憾的时刻，教师将知识传授、师生互动等教育片段"剪裁"并以结构化的方式记录下来，运用理论深刻反思，让经历转化为经验，达到提升教育教学水平的目的。

**生命叙事**。包括"一日生命叙事"与"年度生命叙事"。"一日生命叙事"是师生对自己一天的教育生活根据表达的意义加以选择、剪裁、结构化，用讲故事的方式呈现生活的本真面目，引发深刻的反思。"年度生命叙事"是教师回顾一年走过来的生命历程，将一年中对生命产生重大影响的关键人物、关键书籍、关键事件等编织成生命故事，让思考沉淀、让生命豁亮。

(2) 新教育网络写作的特点

**即时性**。网络写作突破了纸笔介质的局限性，改变了纸媒发表的滞后性。师生可以在教室、办公室、火车站、机场、地铁等场所随处创作。不论是只言片语还是整篇文章，都可以通过智能手机、电脑随时记录发表。

**公开性。** 文字或文章发表在微信朋友圈、公众号等互联网平台，可以面向特定群体或全体大众公开。公开写作，让作者得到来自真实世界的反馈，赢得读者的认可和赞赏，有助于增强写作的外在动力。

**交互性。** 发表在网络上的文章，读者可以及时点评、点赞或转发。作者和读者围绕作品相互交流、深度沟通、思辨争鸣，这种互动交流冲破个人主义屏障，促进生活的整体性和人与人之间的联系，有助于激发教育智慧、绽放灵感火花、促进共同成长。

**持久性。** 微信公众号、QQ 空间、简书、美篇、企业微信等数字媒介，既是交流空间又是储存平台。师生不间断书写，就像小溪汇入江河、江河注入大海。每一个文字在网络海洋中不仅不会蒸发，而且能够得以长期保存。经过日积月累，生命成长的印记与心路历程得以记录，丰厚的教育成果也得以积淀。

**多媒性。** 自从造纸术与印刷术发明以来，用纸笔记录书写、用纸墨印刷书籍，是写作呈现的主要方式。互联网写作的出现，极大地丰富了文字作品的展示形式，师生不仅可以发表文字，还可以配以图片、音频、视频，以多种媒体形式呈现，丰富了读者的多种感官，调动了读者的阅读兴趣，扩大了读者的范围，建立起了多维度的阅读空间。

(3) 新教育网络写作的意义

**提升专业思维**。写作是思维的外显，写作能提升思维品质。在网络上坚持写作，能增进教师对教育教学的敏感度，提升发现问题、分析问题与解决问题的专业思维，促进认知结构的完善和思维水平的提升，助推教师从经验型教师向专业型教师转变。

**促进专业阅读**。专业阅读是输入，专业写作是输出，输出倒逼输入，写作促进阅读。为了保持思维的灵动，写出高质量的作品，教师就必须从消遣性阅读向专业性阅读转变，增加阅读的数量，提升阅读的质量。

**增进彼此信任**。信任源于了解，了解需要沟通。互联网写作公开性和交互性的特点，给师生提供了展示自我、了解他人、相互沟通的机会。在彼此交互书写中增进情感、达成共识，增强人与人之间的信任感。

**构筑精神家园**。精神家园给个人以安全感并为其指明成长方向。师生在网络学习共同体、网络社区中，摆脱现实生活中的各种纠葛，真实表达、真诚交流，通过共读共写共同生活编织生命，构筑起值得信赖的精神家园。

(4) 新教育网络写作的方式

新教育网络教师学习中心（简称"新网师"）是在"教育在线"基础上发展起来，以培养教师为宗旨的在线专业学习共同体。"新网师"围绕教师职业认同与专业发展，在新教育网络写作方面，进行了长期系统化探索，积累了丰富的实践经验，形成了富有成效的新教育网络写作模式，让写作不再是额外的负担，而是师生的一种生活方式、学习方式和工作方式。

新网师的写作方式主要有：

**生活型写作**。指教师将写作作为一种生活方式，在教育生活中写，为了教育生活而写，写教育生活。"新网师"组织发起撰写"一日生命叙事"，倡导教师每天对当日教育生活记录、反思；发起"朋友圈"写作，鼓励教师每天在朋友圈以纯文字、文字＋图片、文字＋视频三种方式，记录教育生活中的点点滴滴；倡导"微信公众号"写作，鼓励教师开通微信公众号，记录班级故事、撰写班级叙事、书写家庭日记等。

**学习型写作**。指教师将写作作为一种学习方式，在学习中写，为学习而写，以写的方式呈现学习成果。参加"新网师"学习的教师，要完成以下写作任务：一是每天写阅读批注，二是完成课程学习中的预习作业或课后作业，三是参与课程综述的撰写，四是撰写教育教学论文，五是撰写"一日生命叙事"和"年度生命叙事"。

**工作型写作**。指教师将写作作为一种工作方式，在工作中写，为工作而写，用写的方式工作。主要内容有：一是参与起草方案、拟定公告、撰写总结等公文写作，提升教师交际场景中遣词造句的准确性、思考的周密性、表达的得体性；二是撰写"学校一周观察""班级一周观察",提升教师洞悉本质、归纳演绎及逻辑思维能力;三是撰写课程综述,提升教师分析概括能力。除此之外,共同体成员每天通过微信群、钉钉群等进行文字交流,这已经成为一种习以为常的工作方式。

新网师经历了13年的稳定运行和发展壮大,取得了一系列显著的成果,研发了家校合作共育、中小学英语、中小学语文、"每日一事"等一批卓越课程,编辑了"一周观察"合集《行走在林中路》和《少有人走的路》,新教育网络教师学习中心的郝晓东老师出版了《改变教育的十二个关键词》《未来教师》《教师成长力:专业素养发展图谱》等著作,这都为新网师的持续发展奠定了基础、积蓄了力量。以下是他关于教师网络写作的思考:

### 网络写作:新网师促进教师专业发展的实践与启示

"新网师"全称新教育网络教师学习中心,是新教育实验下属的教师培训机构。"新网师"遵循新教育教师成长理论,用生命叙事增进职业认同,用"专业阅读、专业写作、专业交往"促进专业发展,以自主学习、自主管理、自主评价为特征,以过一种幸福完整的教育生活为愿景,是面向全国所有教育工作者的在线专业学习共同体。从2009年成立至今,累计5万余名教师参加学习,目前在册教师约1万名。

新网师借助网络组织教师写作,主要呈现三个特点:一是写作人数多。在新网师学习，每个教师都写作。二是写作数量大。一年写二三十万字，在新网师是普遍现象。三是写作质量高。不少学员的文章经常能在报刊发表。

大家都知道，教师写作普遍存在四个困难，一是不愿写，二是不会写，三是没空写，四是难久写。为什么在新网师，教师写作似乎成了家常便饭的事呢？接下来，我介绍一下新网师的具体做法。

一是开设写作课程，指导写作方法。新网师邀请全国知名教育专家李镇西老师常年开设教育写作课。同时不定期组织各种有关教育写作的培训和论坛。尤其是今年，围绕教育写作主题，还组织了多场在线论坛。

二是提倡公开写作，激发写作兴趣。公开写作指在朋友圈、公众号、小打卡、简书、抖音等互联网平台写作。相对于纸媒时代的封闭写作，公开写作让读者及时关注、轻松点赞、实时点评，扩大了作者和读者的互动交流，因而能够激发写作兴趣。

三是撰写课程作业，夯实学习过程。与其他在线培训不同，新网师每门课程都会布置课前预习或课后作业。许多学员一学期学习结束后，仅作业的字数就会达到四五万字。不少学员将作业加以修改，就能作为论文刊登在专业期刊中。

四是撰写生命叙事，增进职业认同。生命叙事分为"一日生命叙事"和"年度生命叙事"。新网师公众号每天会刊发一篇"一日生命叙事"。学员的叙事引起《中国教师报》等多家教育媒体的关注，经常被转载刊发。每年年底，新网师都会要求学员撰写年度生命叙事，并组织评选，评选出的优秀生命叙事还会结集出版。

除了以上四点，新网师还倡导书写"一周观察"，记录、总结、反思一周内学校、班级的教育故事。鼓励撰写"课程综述"，在自己授课或听了他人的课后，进行如实的记录，并加以分析、评价。由此可知，新网师之所以能克服教师不愿写、不会写、没时间写、不能长期写的难题，是因为三点原因：一是"写作有伴"。参与共同体写作，能够相互影响、相互激励。二是"写作有用"。这些写作不是为写而写，不是虚构故事、更不是文学创作，写作是一种工作、学习、生活方式，写作为了教育实践、源自教育实践、记录教育实践。教师通过写作促进了对教育教学的反思，也促进了自我的专业发展和学生的生命成长。三是"写作有趣"。丰富的写作内容、多元的写作形式、及时的外部反馈，让写作过程充满乐趣，不再枯燥乏味。

通过网络写作，不少新网师学员提高了写作水平，引发了深刻反思，促进了学员的专业发展点亮了教育生活。

新网师学员鲁正群是四川省成都市第十一幼儿园教师。在新网师学习中，她每天阅读、批注、打卡：《儿童的人格教育》打卡148天，《静悄悄的革命》打卡146天，《教育学经典解读》打卡126天，《发展心理学打卡》打卡128天，学《人是如何学习》，

8次作业累计写作近4万字。她说:"在学习过程中,我唤醒了专业自觉,锻炼了逻辑思维。"

新网师学员智静是山西省定襄县实验小学的一名语文教师,她在微信朋友圈以"静心思语""读与思""观察随笔"为栏目书写每天的所见、所闻、所行、所思,累计写作50多万字。她在班级发起"班级漂流日记"和"星空班一日叙事",开展师生共写随笔。一年下来,全班60个学生已完成18万字。她说:"书写随笔让知天命的我对世界充满了无限的好奇与热爱,我感觉自己比以往任何时候都热爱教育、热爱生命、热爱学习。"

在新网师,如鲁正群、智静这样的老师还有许多,比如,在旺苍县就有王宗祥、吴尧达、刘洋、何国敏、李霞、王红等老师。

总结新网师提升教师写作素养的实践,我想借用一本书《学会写作:自我进阶的高效方法》中的三个观点:

一是调整写作心态。要暂时接受"写得差"这个事实。有的老师认为"我写得如此差,怎么好意思写",其实应调整为"我写得差,得赶紧开始写"。有的老师认为"为什么你们随随便便就能写几千字,我写几百字都困难",其实应该调整为"没有谁能随随便便写几千字"。

二是完成比完美重要。降低目标,调低预期,从写好一段话开始,每天练习。不要等准备好了才写,不要有"准备好了,再一炮打响"的念头。好文笔是练出来的,好文章是改出来的。

先写起来，就成功了一半。坚信自己会写得越来越好。

三是必须公开写作。借助外部世界，能提升写作标准。犹如一个女孩子，如果待在家，可能头发都不梳，但只要出门都要洗漱化妆。写文章也是这个道理，只要公开写作，就会写得更认真。借助外部激励，驱动写作动力。读者的点赞、留言、转发都会让写作者更有动力。借助外部反馈，能提升写作技巧。阅读数、点赞数、评论数都是反馈，没有反馈也是一种反馈，说明你的文章没有打动任何人。读者的质疑帮助我们发现不足，读者的批评能引起我们更深入的思考。

郝晓东，苏州大学高等教育学博士生，中国陶行知研究会理事，新教育网络教师学习中心执行主任，《中国教育报》2017年全国推动读书十大人物。2009年加入新教育实验网络师范学院至今，从学员成长为讲师、执行主任。《中国教师报》专栏作者，《教师博览》签约作者。出版专著《给青年教师的40封信》《改变教育的十二个关键词》《未来教师》《教师成长力：专业素养发展图谱》。在《国家教育行政学院学报》《人民教育》《中国教育报》等报刊发表文章60余篇。

关于网络写作，还有几个需要强调的关键点：

第一，找到适合的网络写作平台。参与新媒体写作，选择平台十分重要。目前适合学校师生、父母写作的平台主要有微信公众号、头条号、简书、微博等。入驻一个平台，开辟一个属于自己的写作空间，就是为自己找到了一片理想栖居地。

第二，坚持在频繁更新中培养习惯。新教育认为只要坚持就有奇迹。坚持频繁更新，可以倒逼自己养成思考的习惯。经常记录，长时间积累，会提高我们对生活的敏感度、思想的深刻性，能够看见自己拔节生长的过程。

第三，增强网络写作的读者意识。面对网络读者阅读欲望、理解水平、价值判断复杂多元的实际，写作中既要坚守教育人不媚俗的写作风骨，也要学会利用网络写作超文本链接的优势，采取更加灵活的表达方式，以吸引更多读者逗留，达成把自己的认识、思想和情感传达给更多的人的目的。

在这样一个全民网络写作到来的时代，新教育人特别需要运用新媒体思维，在网文 IP 的全链路开发上做足文章，推出新教育师生、父母自己的故事。同时，在"网文出海"方面拿出更完整的推进规划，在全国的师生和父母群体中培育一支高精尖的写作队伍，利用新媒体的平台，让新教育实验的传播产生更大的效应。

## 二、新教育写作的评价方式

近年来国家陆续出台评价改革方案、评价指南等文件，着力强调发挥好评价的"指挥棒"作用，为教育评价的专业化建设明确了路径、指明了方向。写作评价是教育评价的重要组成部分，新教育的写作评价秉承新时代教育评价改革的理念与要求，力促新教育共同体的发展。

传统意义上的"写作评价"多指对学生运用语言文字创作出来的作品进行评价，即对学生作文的评价。新教育写作从概念、内容、特点到方式，都不限于学生写作，因此，新教育写作评价的范围更为广泛，是对新教育共同体（学生、教师、父母等）写作作品的评价，既包含学生作文、"绘说"、学科写作等作品，也包含教师的教育论文、教育故事、教育书信、教育杂感等内容，还包含家庭写作、家校共写等内容。

写作评价在一线的教学过程中一直是令语文老师头疼的话题。如何能够快速、准确、一语中的地评价学生的作文？如何降低评阅作文的工作量？如何在评价后让学生的写作水平得到及时、有效的提升？这些既是老师们迫切希望解决的问题，也是当下学生写作评价在实操层面需要重点攻克的难题。具体来看，当前写作评价，教师主要是依据个人教学经验对作文进行分数评价、等级评价、评语反馈等，具有极大的主观性；写作评价耗时较长，当评价结果给到孩子手中时已经过去一两周，时效性极低；此外，学生拿到老师评价的分数、等级或评语并不知道自己该从何处去改进，只好凭感觉做出调整与修改；再者，老师遇到得分接近的学生，往往会将其划入同一类别中"一视同仁"地进行指导，难以有针对性地解决学生个体的写作问题。基于上述问题，新教育做出了一系列的探索，形成了较为客观、精确的写作评价方法。

### （一）新教育写作评价的意义和价值

**提升写作水平。**新教育写作的评价立足于发挥评价的指挥棒作用，利用评价的诊断、激励、改进、导向功能，帮助新教育共同体成员在写作过程中更加理性地审视个人写作内容，提高学生、教师等新教育共同体成员的写作水平。

**提高教育质量。**新教育写作评价通过对学校主要学习者——学生的写作进行评价，对教学实践者——教师的写作进行评价，对各个学科的写作进行评价等，提高学生、教师写作能力的同时也提升学校写作教学水平，更为新教育实验学校整体教育质量的提高助力。

**促进精神充实。**新教育写作评价最终是希望让新教育的成员能够"所思所想，下笔皆生花"，我笔不仅是"写"我意，还能"达"我意。写作是人梳理自我内心世界的过程，或反思、或思辨、或记述、或随感，都是书写内心时在精神世界自由翱翔的享受。如若心有思绪万千，却不能恰当表达出内心的那份绚丽，才真是人生遗憾事。新教育写作通过评价来促进内心想法的输出，促进新教育的成员在书写中得到自我价值的提升与精神的充实，从而帮助新教育成员收获幸福与完整的人生。

## (二) 新教育写作评价的原则

**诊断性原则**。新教育写作评价注重通过大数据分析，在评价中甄别、诊断出写作问题所在，并针对性地提出改进与提升意见。因此，诊断性是新教育写作评价最重要的原则。诊断性的写作评价让写作时的"构思内容、搭建结构、运用语言规则、遣词造句等思考过程"一一呈现在评价者面前，基于数据化的统计与分析得出每个新教育共同体成员在写作过程中存在的优点与弱点，在诊断性评价报告中呈现出多元、多维的数据结果，并提供改进方案，促进写作者写作水平提升。

**情境性原则**。今年刚刚颁布的课程标准强调了实践性与情境性，学习情境要源于"日常生活、文学体验、跨学科学习三类语言文字运用情境"的真实需求，服务于解决现实生活的真实问题。新教育写作评价围绕学生、教师、父母、学校成员的日常生活、社会生活、学校生活等真实情境进行，让评价真正地扎根于新教育实践中。

**发展性原则**。写作能力的形成不是一蹴而就的。学生的写作能力是在由"说""绘"、由"习作"到"写作"的过程中逐步形成的；教师的写作能力是在从无到有、从有到精的过程中发展而来。"阶段性评价是在教学关键节点开展的过程性评价"。[1]

---

[1] 中华人民共和国教育部. 义务教育语文课程标准（2022年版）. 北京：北京师范大学出版集团，2022：49.

写作能力的形成与成熟需要在写作教学过程中进行持续的评价。除了在期中、期末、学年末等节点进行评价，也要将科学、有效的评价渗透在写作教学、教师写作的每一个环节中，强调及时的反馈，以鼓励、激励的评价方式逐步提升新教育共同体成员的写作热情、兴趣与参与度，使成员的写作水平得到持续性、长远性的发展。

**多元性原则**。以往写作评价多由教师个人对学生作品打分，评价主体单一、评价标准单一，不能从全面发展的角度评价学生写作水平。新教育注重对写作进行多维、多元、多角度的评价，从不同侧面发掘学生优点、激励学生的发展。其一是评价主体多元化：新教育写作评价将学生、教师、父母、学校管理者等能够参与到新教育写作中的成员都纳入评价主体。在写作评价中不只有师评，也注重自评、互评与他评。其二是评价指标多元化：新教育写作评价将三维解析技术运用到实际的教育过程中，通过写作能力、写作技能、写作内容维度的评价指标让写作评价更加精细，让"写作"诊断更加精准。

### （三）新教育写作评价的方法

新教育写作内容广泛，其写作评价也有多种方式方法。如在课堂上，学生"绘""说""写"小作文的过程中，教师及时而迅速地指出其创新之处、可提升之处，让学生迅速得到写作指导。又如，教师为学生作文写评语、学校成员为教师写作作品写评语、阅读体会等，直接表达对作品的态度，或鼓励、或抓亮点、或提意见，让写作者能够得到他人的反馈，从而再次审视自己的作品。再如，新网师平台中，教师们书写的生命叙事、课程综述、教学记录、读书心得打卡、作业与反思，等等，由讲师、点评员、组长等进行点评与打分，教师获得直接反馈；教师们也可以自由地浏览、阅读他人的作品，在互相评价的过程中提高个人思考的深度，博采众长，提升写作水平。

这些写作评价方法都在新教育土地上真真实实发生着，是新教育成员共同参与、创造、实践、持续更新与发展的写作评价。除此以外，新教育也在以"学生写作"为对象的两种评价方法上做出了有益的探索。

### 1. 真实性写作评价

新教育的真实性写作评价借鉴了美国的真实性写作评价。与标准化测验不同，真实性写作评价"要求学生执行现实世界的任务，展示基本知识和技能的有意义的应用。学生在学习中获得的东西必须在现实情境中完成"。[1] 真实性写作评价的目的是在实际情境中促进学生认知能力的发展、审辨性思维的培养，并通过多种途径来展示学习成果，获得学生发展的最直接证据。写作是在真实的学校生活、社会生活、日常生活情境中发生的活动，对其评价也应在真实情境中进行。真实

---

[1] 刘正伟，庄慧琳，陈恬妮. 美国真实写作评估的理论和实践. 中学语文教学，2022（04）.

性写作评价除了对最终写作作品进行评价之外，还评价学生在写作过程中使用的写作知识和技能、完成复杂任务的程度以及思维品质提升程度。真实性写作评价不再以教师为单一的评价主体，而是倡导学生、父母、学校成员，甚至网络阅读者等都可以参与到评价中来，将自评、互评、师评的方法结合运用。

在实际操作中，真实性写作评价采用的评价工具是"评价量规"。"评价量规"是对写作作品及写作过程评价建立一套标准化、规范化的评价标准，帮助评价者迅速评分、及时给学生反馈，节省评价写作作品的时间，让教师更有精力改善写作教学。"评价量规"的内容是公开的、标准化的，这就降低了写作评价时的主观随意性，也能够让学生知道"什么是好的作品"并朝着目标努力。

"评价量规"自上世纪六七十年代在西方发展以来，经过了多年的发展，出现了很多知名的评价标准，如美国"6+1特色"写作评价标准、加拿大缩小差距课程的写作评价标准等。此外，NAEP、ACT、SAT、IELTS等国际测试项目对写作作品评价也设定了规范的标准。目前写作评价标准设立的角度有文学批评、文章功能、语言学、认知领域、创造性与整体性等。我国的写作评价标准，包括一些重要考试中的写作评价标准，多数是从文章学角度设定的。

写作评价量规的最佳设定方式是由教师根据教学目标与内

容初步设定，告知学生，结合学生意见对量规进行修订，最终确定一个教学阶段的评价量规。在写作教学中，教师依据评价量规对学生写作作品打分或评定等级，及时给学生反馈并进行写作指导。因写作本身的复杂性，写作的内容、文体、类型的多样性，写作评价量规也多种多样。新评价与考试研究中心依据课程标准的要求，参考国内外知名评价量规，先期研发了"通用"写作评价量规，供教师们参考使用。该通用写作评价量规从主题、情感、结构、表达、语法规范、书写与字数六个方面设定评价标准，每个方面下设多个评分点及等级分值。如"材料丰富性"满分7分，从一等到五等的分值分别为7分、6分、4分、2分、0分。另外，根据不同评分点在写作中重要性的不同，设置了不同的权重，如"文章主题"中的"中心明确"权重略高于其他两个小评分点。

表1　写作通用评价量规

| 一级指标 | 二级指标 | 满分标准 |
| --- | --- | --- |
| 文章主题 | 中心明确 | 切合题意、中心突出、立意深刻；思想健康、积极向上；漏写题目需扣分 |
|  | 新颖性 | 选取角度、行文风格、语言特色等内容与形式新颖 |
|  | 材料丰富性 | 内容具体，利用辅助性材料（如名言名句等）充实文章内容 |

（续表）

| 一级指标 | 二级指标 | 满分标准 |
| --- | --- | --- |
| 思想情感 | 情感 | 感情真挚，情感细腻、充沛，富有感染力 |
| 逻辑结构 | 段落层次 | 段落结构层次清晰，有条理 |
| | 语篇衔接 | 正确使用过渡句/段，语篇衔接自然流畅 |
| 文采表达 | 修辞方法 | 恰当运用各种修辞方法，增加生动性、形象性 |
| | 表现手法 | 使用符合文体的多种表达方式，如描写手法、说明方法等写作手法 |
| 语法规范 | 用词准确 | 用词准确、恰当 |
| | 语病 | 符合句法规范，无语病 |
| | 标点符号 | 正确使用标点符号 |
| 书写与字数 | 书写 | 字迹工整；无错别字 |
| | 字数 | 满足字数要求 |

### 2. 三维解析的写作评价

三维解析的写作评价以认知诊断理论为理论根基，将测评方法与认知心理学相结合，从写作作品的行为表象中探寻学生写作时的思考过程，并将其数据化地呈现出来。该方法依据课程标准中核心素养、课程内容与目标、学业质量等要求，参考多元智能、教育目标分类学等理论，形成评价框架与指标体系。需要指出的是，写作评价的三维解析框架与指标是对标准化的写作"评价量规"的内容与要求进行解析，以得到多元化数据，运用认知诊断统计模型进行分析与处理，形成多层级诊断报告。当前三维解析评价框架包含"写作能力、写作技能与写作内容"三个维度，其中写作能力包括"语言理解、逻辑分析、自我认识"三个指标；写作技能包括"识记、自主表达、结构分析、语言运用"四个指标；写作内容，即写作通用评价量规的主要内容，包括"文章主题、思想情感、逻辑结构、文采表达、语法规范、书写与字数"六个指标。

三维解析的写作评价不但发挥了写作评价的甄别、诊断与改进的作用，同时在实际操作中也较为便利。教师只需参照评价标准对学生写作作品进行逐项打分即可。区别于以往只给出一个总的写作评分，为了得到精准的评价结果，三维解析写作评价将评价标准分为多个评分点进行打分。多个评分点的设置其实是将"教师给作品打分时的思考过程"呈现出来，并形成了规范化、标准化的评价标准，以克服凭经验打分的主观性，让写作评价结果更加精细、准确。

三维解析写作评价通过分项打分，获得代表写作情况的多项数据，运用认知诊断统计模型进行处理与分析，能够得到学生个人写作情况的诊断报告，也能够得到班级写作教学结果的班级报告，以及为学校/区域写作教研、教管提供参考的学校报告与区域报告。每种报告都含有多元、多维、多角度的数据分析，充分利用评价的诊断、激励、改进功能，促进学生写作水平的提高。

表2 各级别写作评价报告介绍

| 报告种类 | 学生报告 | 班级报告 | 年级报告 | 区域报告 |
|---|---|---|---|---|
| 使用对象 | 学生个人、父母、教师 | 教师、学校教研组长 | 学校教研组 | 区市县教研员、教学管理人员 |
| 功能 | 了解学生写作达标情况、长短板、优劣势及其形成原因，进行个体辅导，提升写作水平 | 诊断班级写作教学情况，判断教师整体教学风格、教学素养，提升班级写作水平及教师教学水平 | 学校写作教学长短板、优劣势诊断，各班写作教学情况对比，供学校写作教研使用 | 区市县整体写作教学情况诊断及各学校（或下级区市县）写作教学情况比较，为区域教学研讨、教学管理及决策提供参考 |

### （四）新教育写作评价的案例

写作评价目前多应用于学生写作评价中，以下侧重呈现了学生个体写作评价报告使用的案例，并对群体写作评价报告应用做出介绍。同时，需要指出的是"写作是人思想的流动"，"写作与标准化选择题最根本的不同是它更多具有主观成分，没有标准答案，而且每个学生的作文都会迥然不同"。[①] 因此，写作评价的"省力"存在于部分流程及诊断过程中，而不能体现在阅读、审视每一位学生作品时的思考过程中。

---

① 荣天竞. 写作评价量表及其开发. 语文教学通讯，2022（07）.

## 1. 个体写作评价案例

### （1）个性化精准诊断案例

"诊断"是学生写作能力形成过程中评价的最重要功能，只有精细、准确地诊断出学生写作的长短优劣，才能更好地为学生写作能力的提高提供帮助。以往写作评价中，教师对得分相同或在同一个得分区间的学生，往往归入同一类别，用同样的教学方法指导学生。然而，实际情况是同样得分的学生，其写作习惯、写作偏好、写作类型等都有所不同，学生是需要个性化对待的。新教育的写作评价非常重视诊断性评价结果的使用，充分利用三维解析的写作评价方法，帮助教师掌握学生写作各方面的情况。

保定市曾采用三维解析的写作评价方法对学生写作情况做了摸底调查，真正做到了"没有两个完全相同的学生"的精细诊断。在这次评价中，得分相同的学生有不少，但没有任何两个学生的写作情况是完全一样的。

如王同学与杨同学得分相同，具体情况却大相径庭。两位同学这次写作评价的得分都是91分（百分制），都位于A级水平，但具体分析两位同学的评价结果（见图1）就会发现：王同学的写作能力得分明显高于杨同学。两位同学在"逻辑分析"方面表现都很好，王同学的"结构分析""文采表达"是其长板，杨同学的"识记""书写与字数"是其长板。在短板方面，王同学的"自我认识""识记""书写与字数"是其短板；杨同学的"语

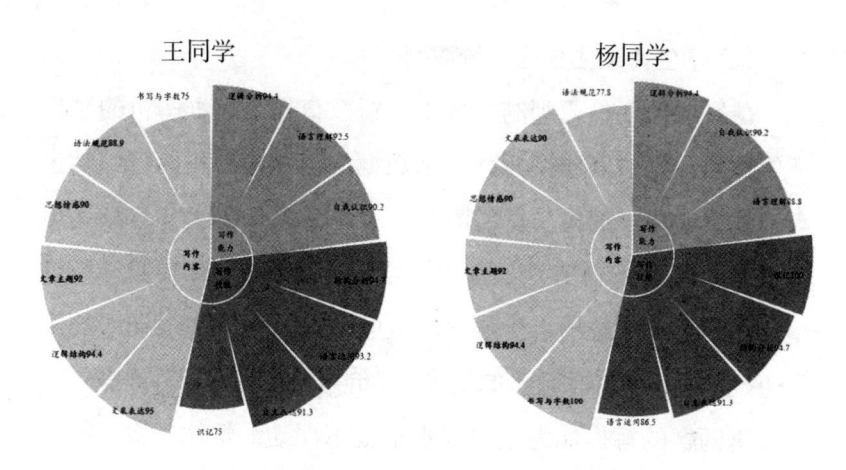

图1　两位得分相同学生的写作评价结果

言理解""语言运用""语法规范"是其短板。因此，虽然两位同学都是班级中写作表现突出的优等生，但王同学写作时逻辑思路清晰、段落衔接恰当，不但有自己的思路，还能顺利地表达出来。对王同学来说，需要改进的是遇到题目后不要着急下笔，而要多思考、深入推敲、准确表达自己的观点，并且注意书写的规范性。杨同学则在文字书写的准确性、美观性上表现突出。对杨同学来说，需要在短语、句子结构、标点使用等语法规范上多加练习，同时需要多多练习运用修辞、说明、描写等表达方式提高文字的可读性与优美性。

教师运用三维解析的写作评价方法得到了学生个性化的诊断结果，继而可以运用相应的策略给学生以指导，让每个孩子都能在个人写作能力发展的轨道上实现长效的进步。

### (2) 学生持续成长的评价案例

在发展性评价原则的指导下，新教育采用三维解析的写作评价技术，通过对学生写作成绩数据的对比与分析，得到学生写作能力的成长图谱与发展情况。如石家庄市2020年连续运用三维解析写作评价方法，在诊断学生当次写作情况的基础上，呈现了学生历次成绩走势与发展轨迹。图2、图3是五年级的一位唐姓同学两次写作评价的结果（评价结果仅摘取部分内容）。

唐同学的写作能力在中等水平上下浮动，整体来看没有突出的特点，也没有明显弱点。他第一次写作评价等级是C级，

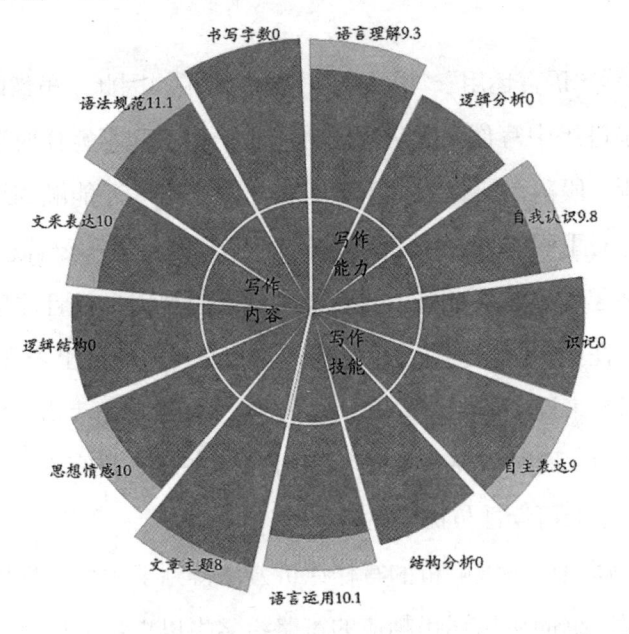

图2　学生两次写作评价各指标进步情况

各项得分差距不大，短板在于"自我认识""语言运用""文采表达"（图2蓝色花瓣）。结合这三个短板，唐同学在老师的指导下，有意识地进行深入思考、挖掘自己的想法与观点，提高自己对写作材料、话题、主题的敏锐性，培养写作中的自我认识能力；在日常写日记、作文时，多尝试运用学过的修辞方法、表达方式、名人名言等，让作文内容更加立体、生动，提高语言运用的技能。这些有针对性的努力，在第二次写作评价时得到了证明，唐同学第二次写作评价等级为B级，第二次评价（图2橙色花瓣）在各指标上的得分都高于或者持平于第一次写作评价（图2蓝色花瓣），这是其写作能力得到提高与发展的最有力证明。第一次的短板"自我认识""语言运用""文采表达"三个指标得分在第二次提高了9.8—10.1，而且"自我认识"已经不再是唐同学的短板了。当然，为了更上一层楼，下一个阶段他还需要在"恰当使用丰富的表达方式、名言名句提升写作文采"方面继续努力，在写作结构设计、逻辑思路、段落关系把握方面（逻辑

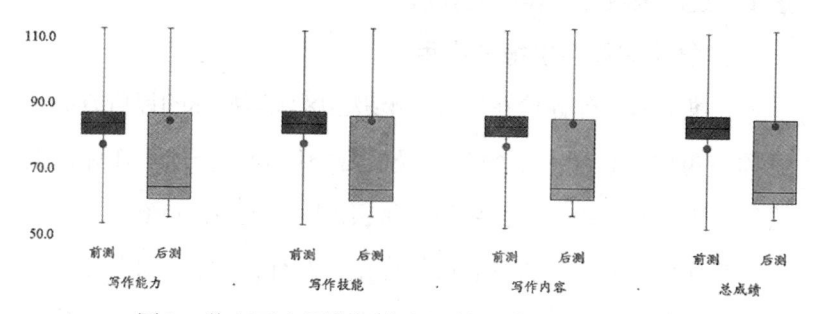

图3 学生两次写作评价在群体中的位置变化情况

分析能力）也要着重提高。

图3是唐同学两次写作评价在群体中的位置变化情况。他在写作能力、写作技能、写作内容、总成绩维度上，第二次写作评价的得分都高于第一次（图2两个红点高低比较）；而且排名也提高了，唐同学从群体的中下游（红点在蓝色方框的下方），上升到了群体的中上游（红点在橙色方框内部偏上）。在第二次写作评价中高分学生增多的情况下，唐同学仍然有较好的表现，这也是他持续不断努力的结果。

除了上述唐同学以外，参加两次写作评价的学生都得到了类似的报告反馈。有的学生一直表现优秀，在细节上不断提高，力求完善，老师可以适当指导或放手让孩子自己调整、安排。有的学生如唐同学一样，借助写作诊断报告有针对性地调整自己的写作方法，得到了进步，教师需要持续关注，利用评价结果来指导学生写作。有的同学因各种原因退步了，但仍有一些指标存在进步，老师可以夸奖其进步之处，让学生找到自信心，逐步、逐项去攻克写作中的难点。

### 2. 群体写作评价报告应用

三维解析写作评价在班级、年级、区域等群体的评价方面也发挥着重要的作用。下面以班级报告为例介绍群体写作评价报告的应用及其作用，并简要呈现年级、区域报告的内容。

写作评价班级报告含总成绩介绍，写作能力、写作技能、写作内容各维度及下级指标的得分情况（包括平均得分率、中位数

# 第四章 新教育写作的实践探索

得分率、分化度、优秀率、良好率、不及格率等统计指标)，班级分数段人数统计、错题统计等信息。

具体来看，根据"班级成绩概况"（示例1）可以比较写作能

三维解析写作评价报告——班级报告示例

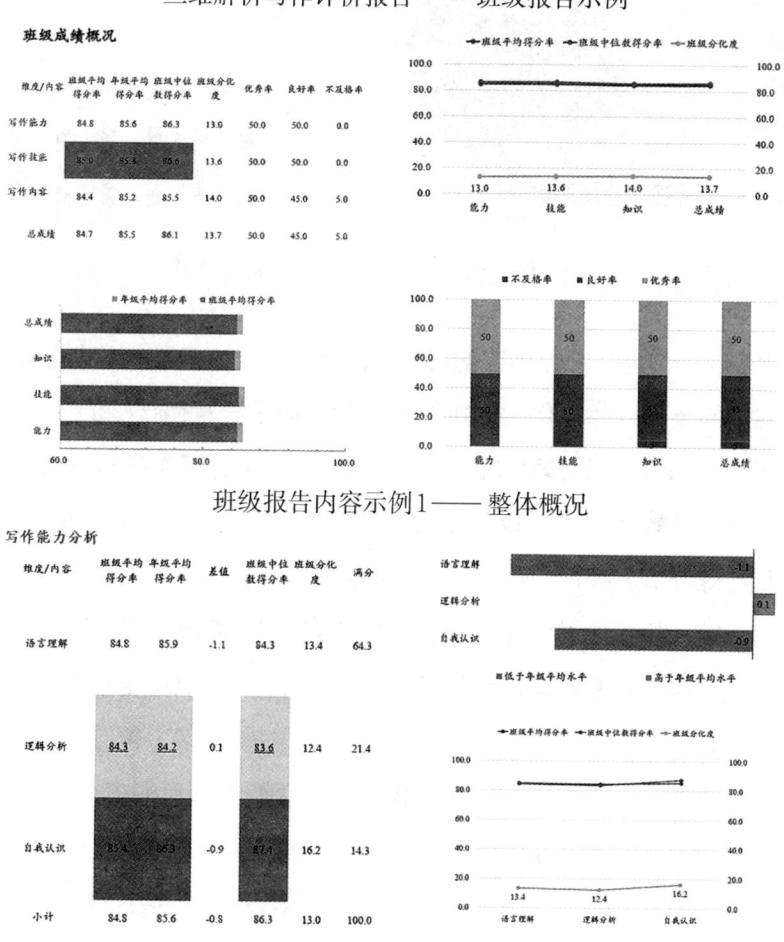

班级报告内容示例1——整体概况

写作能力分析

班级报告内容示例2——写作能力维度分析

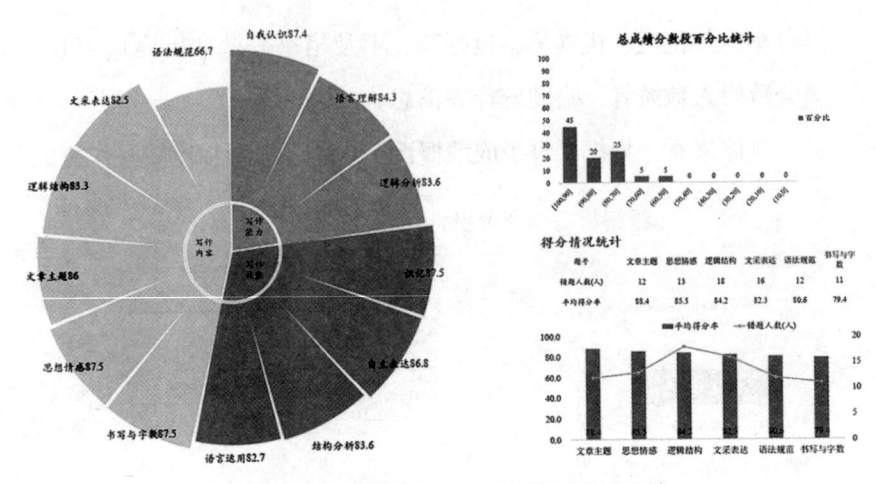

班级报告内容示例3——关联诊断与统计

力、写作技能、写作内容的得分率，能够看出本班教师写作教学偏重的类型，如示例中的班级写作教学偏重于写作技能的训练，即教师习惯于让学生多读、多看、套用优秀的写作模板，学生写作次数较多。结合玫瑰图（示例3）各指标的得分率高低，以及"得分情况统计"，可以看出班级写作教学的长短板及改进方向。如示例班级的"语法规范""语言运用"指标是较为明显的短板，教师需要在语言使用规则、句法结构、标点运用等方面加强指导。

此外，对比报告中的统计指标，可以得出多元的分析结果。如班级平均得分率和中位数得分率比较，可以看出班级中大多数学生写作水平以及教师是否关注到了绝大多数学生的写作情况；班级平均得分率与年级平均得分率比较，可以看出班级写作水平与年级之间的差值；分化度是班级内部学生写作表现的差异情况，当分化度高于30时教师应着手实行分层写作教学；优秀率、良好率、不及格率结合分数段人数统计，可以看出班级写作成绩得分分布及学生的数量，便于教师针对不同水平学生调整教学策略。

班级报告还将写作能力、写作技能、写作内容维度下的各个指标一一呈现出来（示例2为写作能力维度），教师可以借助这些数据进行更精细的教学诊断。如示例班级写作能力的"逻辑分析"指标得分率最低，是短板，且与年级趋势一致，但"逻辑分析"班级平均得分率略高于年级平均得分率，是班级的优势，另外两个作为班级长板的写作能力指标则远低于年级水平。因此该班级需要首先培养学生"语言理解""自我认识"的写作能力，以达到年级水平为目标；"逻辑分析"指标则需要与年级组共同研讨，寻找更佳的解决办法，提高学生逻辑思维水平、关系梳理与把握的能力。

写作评价年级报告中除了有整体总成绩介绍及各维度、各指标的得分情况、分数段统计等信息以外，还包括学校各个班级在各维度、各指标上的表现情况对比分析。学校教研组可以依据报告中的信息进行写作教学研究，探讨更佳的写作教学方法，各位教师之间可以取长补短，形成具有学校特色的教学方法。

区域写作报告中仍然有写作教学整体情况、各维度与指标

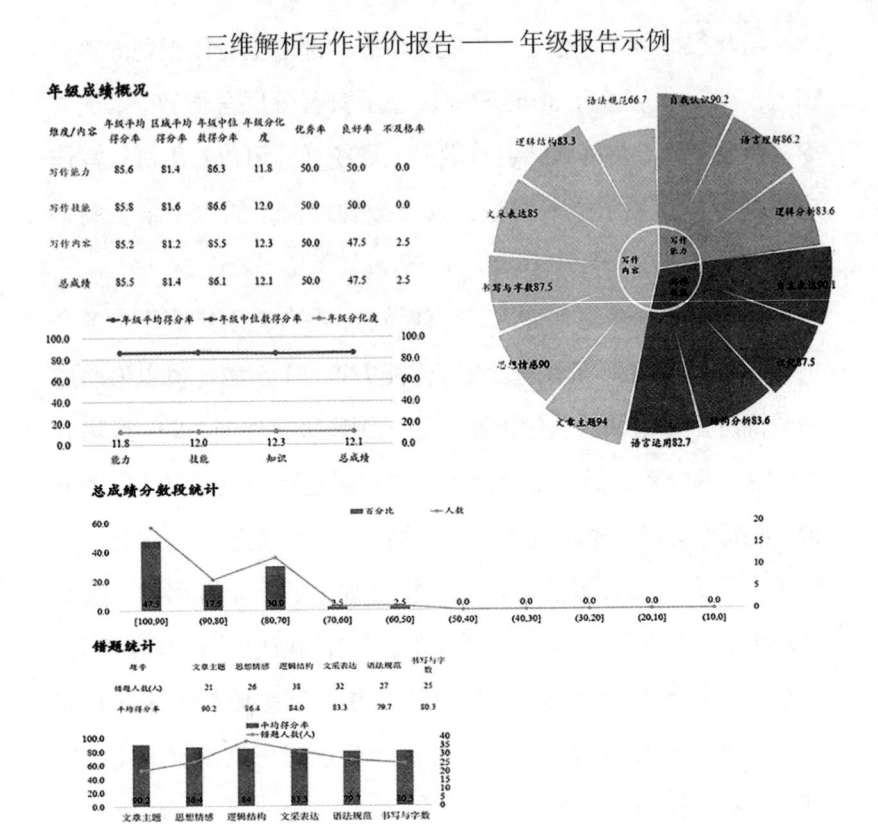

## 三维解析写作评价报告 —— 年级报告示例

的得分情况及分数段分析、错题统计等信息，能够诊断出区域写作教学情况。此外，区域报告包含两种级别，当区域下包含多所学校时，报告呈现各个学校在各指标上的表现情况；当区域下包含多个下级区、市、县时，报告呈现各区、市、县的各指标得分情况。区域的教研员可以利用报告结果，组织各学校或区市县进行写作教学研讨、分享优秀写作案例、探究有效的写作教

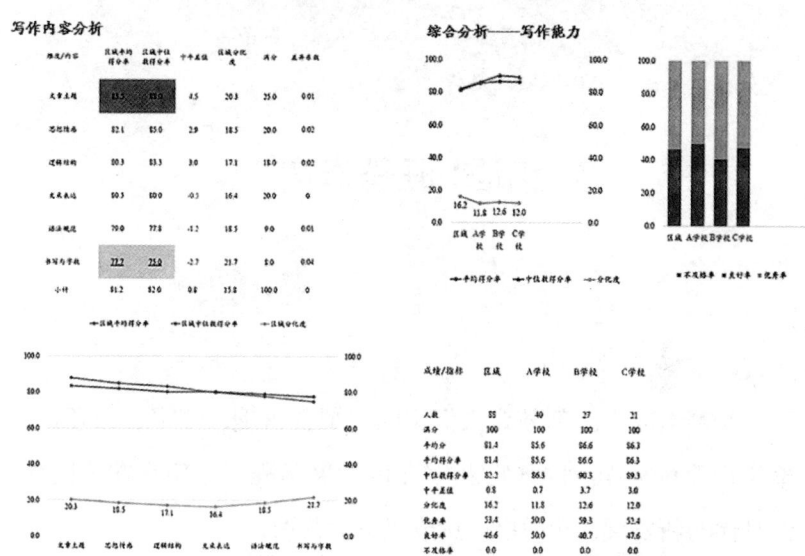

## 三维解析写作评价报告 —— 区域报告示例

学方法。区域教育教学领导及行政管理人员可以根据报告结果，了解各校或各地的教学质量及背后反映出来的生源、师资、软硬件资源等方面的情况，通过教学管理决策提升区域写作能力。

新教育写作的评价以新教育写作为对象，新教育写作的丰富性决定了评价的多样性与丰富性。当前已经实践的、数据化的、诊断化的新教育写作评价多集中于对学生写作的评价，在对教师写作的评价、共同体写作的评价等方面，还有待于进一步的研究与实践。

## 结语：旺苍宣言

2022年7月，新教育人汇聚四川蜀苴古地、红军之城旺苍，聚焦新教育写作，回眸它20多年的发展历程，瞻望它在全民写作时代的新发展、新举措，达成以下新共识：

我们认为，人是天生的符号动物，是大地上唯一真正的言说者，书写者，歌咏者。惟其如此，人类才能让变动不居的时间凝固，铺陈波澜壮阔的人类历史，书写生生不息的生命传奇，留下代代相传的精彩故事与经典著作，使人成为超越肉身存在的永恒者。

我们确信，新教育写作倡导和践行全景观写作、全民化写作、全心性写作、全学科写作、全体式写作和全媒体写作，努力通过教育写作为全民写作探路，缔造一种以写作为载体的生活方式、成长形态和创造方法。它致力于传承写作的优秀文化传统，同时积极回应写作变革的时代召唤和国际走向，立足本土教育实践和自我发展的探索，以"过一种幸福完整的教育生活"的新教育核心主张为价值取向，以学生、教师、父母为三大主体，构建起新教育写作共同体，用语言文字和其他辅助媒介，记录精彩人生，讲述生命故事，抒发美好感情，编织幸福梦想，播撒文明种子，促进新教育共同体所有个体与群体的交流分享，彼此润泽，和谐共生，借此探索一条推动全民写作，乃至人类文明进步的有效途径。毫无疑问，这样的写作必将创造我们的美好生活，为个体成为更好的自己、社会发展更加和谐、教育生活更加精彩奉献自己独特的智慧。

我们主张，新教育写作应与新教育阅读并行不悖，相辅相成。如果说新教育阅读是站在大师的肩膀上前行的话，那么新教育写作就是站在自己的肩膀上攀升。新教育写作希望通过学生写作，用文字搭建成长阶梯；通过教师写作，书写自己的教育史；通过包括家庭写作、家校共写、师生共写、教师共写、网络写作等在内的共同体写作，在写作大家庭绽放自我。新教育写作鼓励每一个成员通过坚持不懈的努力，通过形式各异、多彩多姿的写作，如日记、书信、随笔、故事、案例、论文、小说、诗歌、童话、戏剧乃至便签、备忘录等，让写作成为每个人的日常生活方式，用学生的发展、教师的成长、家庭的幸福和社会的进步精彩诠释"过一种幸福完整的教育生活"的意义。

我们深知，全球化的高歌猛进，网络技术的日新月异，以及新媒体的日渐普及，揭开了人类传播文化的新纪元，传统平面媒体正与新媒体联手制造一个人类的新神话。写作在经历了从传统的口头写作、书面写作等阶段之后，一个"人人都是写作者，人人都可能成为优秀写作者"的全民写作时代正在风姿绰约地向我们走来。它使原来垄断话语权的精英写作转变为人人都能借助互联网平台率性表达自我的大众写作，展现了写作前所未有的私人化、平民化、普遍化、即时化、自主化、交互化风貌。即使是精英写作，也常常以大众写作的姿态加入这个行列。全民写作正在改变写作的概念，改变我们的生活方式，任何人都不能错过这个时代赋予自己的表达机会。新教育人要以最大的热情拥抱和推进全民写作的到来，用我们手中的笔劈山开道，修路架桥，筑基建屋，莳花艺树，创造一个新的教育理想国！

我们呼吁，在一个"即凡即圣"、人人可以成为俊杰和英雄的时代，普通大众同样可以追求立言不朽。所有的人都应当坚定地相信语言的力量、文字的力量和写作的力量。个人不管担当什么样的社会角色，以何种方式参与个人和社会历史的创造，只要他通过语言文字讲述诗意人生的故事，抒发至真至诚的情感，传播科学理性的知识，咏叹天地自然的大美，表达鼓舞人心的信念，写出个人风采、家国风度、时代风气，那么，他不管留下的是鸿篇巨制还是片言只语，都可以成为缔造"经国之大业，不朽之盛事"的一员，成为美好生活的创造者！

# 参考文献

**图书**

1. B.A.苏霍姆林斯基.给教师的建议.周蕖,王义高,刘启娴,董友,张德广,译.武汉:长江文艺出版社,2018.
2. 巴赫金.巴赫金全集(第五卷).钱中文,译.石家庄:河北教育出版社,2009.
3. 巴赫金.陀思妥耶夫斯基诗学问题.白春仁,顾亚铃,译.北京:生活·读书·新知三联书店,1988.
4. 曹丕.魏文帝集全译.易健贤注.贵阳:贵州人民出版社,2009.
5. 陈鼓应,注译.庄子今注今译(上册).北京:商务印书馆,2016.
6. 谌启标.比较教育与管理.福州:福建教育出版社,2016.
7. 程树德,撰.论语集释.程俊英,蒋见之,点校.北京:中华书局,2017.
8. 许慎,撰.说文解字注.段玉裁,注.上海:上海古籍出版社.1981.

9. 海德格尔. 海德格尔选集（上卷）. 孙周兴, 选编. 上海: 生活·读书·新知上海三联书店, 1996.

10. 海德格尔. 在通向语言的途中. 孙周兴, 译. 北京: 商务印书馆, 2015.

11. 斐迪南·滕尼斯. 共同体与社会. 张巍卓, 译. 北京: 商务印书馆, 2019.

12. 管金麟. 文章写作原理. 郑州: 河南大学出版社, 1986.

13. 黄寿祺. 周易译注. 张善文, 译注. 上海: 上海古籍出版社, 2004.

14. 卡尔·罗杰斯. 论人的成长（第2版）. 石孟磊, 邹丹, 张瑶瑶, 译. 北京: 世界图书出版公司, 2019.

15. 拉·梅特里. 人是机器. 顾寿观, 译. 北京: 商务印书馆, 2017.

16. 李梦生, 译注. 左传译注. 上海: 上海古籍出版社, 2014.

17. 李再湘. 教师专业成长导引综合素质与专业素养. 长沙: 国防科技大学出版, 2008.

18. 李镇西. 李镇西教育知行录. 太原: 山西教育出版社, 2019.

19. 刘勰. 文心雕龙译注. 王运熙, 等译. 上海: 上海古籍出版社, 2012.

20. 鲁迅. 鲁迅全集（第六卷）. 北京: 人民文学出版社, 2005.

21. 陆游. 陆游全集校注（第九册）. 钱仲联, 马亚中, 主编. 杭州: 浙江教育出版社, 2011.

23. 马尔科姆·格拉德威尔. 异类. 苗飞, 译. 北京: 中信出版社, 2020.

24. 马克斯·范梅南. 生活体验研究——人文科学视野中的教育学. 宋广文, 等译. 北京: 教育科学出版社, 2003.

25. 马正平. 高等写作学引论. 北京: 中国人民大学出版社, 2011.

26. 潘新和. 不写作, 枉为人——潘新和语文学术随笔. 福州: 福建教育出版社, 2014.

27. 申小龙. 语文的阐释. 沈阳: 辽宁教育出版社, 1991.

28. 沈从文. 文学课. 成都: 四川人民出版社, 2019.

29. 《十三经注疏》整理委员会整理. 十三经注疏(毛诗正义). 北京: 北京大学出版社, 1999.

29. 石义堂. 初中语文课堂的有效教学. 北京: 北京师范大学出版社, 2007.

30. 宋濂. 宋濂全集(翰苑别集卷三). 杭州: 浙江古籍出版社, 2014.

31. Spenser. 写作是最好的自我投资. 北京: 中信出版集团, 2018.

32. 童喜喜, 等. 读写之间说为桥: 童喜喜说写课程实战攻略. 北京: 电子工业出版社, 2017.

33. 王力. 王力文集(第一卷). 山东: 山东教育出版, 1984.

34. 魏小娜. 真实写作教学研究. 北京: 人民出版社, 2017.

35. 吴毓江, 撰. 墨子校注. 孙启治, 点校. 北京: 中华书局, 1993.

36. 徐振宗，李保初，桂青山，编著. 汉语写作学. 北京：北京师范大学出版社，1995.

37. 徐正英，邹皓，译注. 春秋穀梁传. 北京：中华书局，2016.

38. 亚米契斯. 爱的教育. 张向伟，译. 成都：四川科学技术出版社，2018.

39. 杨倞，校注. 荀子. 上海：上海古籍出版社，2010.

40. 杨天宇，译注. 仪礼译注. 上海：上海古籍出版社，2004.

41. 杨天宇，译注. 周礼译注. 上海：上海古籍出版社，2004.

42. 叶圣陶. 叶圣陶集（第十五卷）. 南京：江苏教育出版社，1993.

43. 尤瓦尔·赫拉利. 人类简史：从动物到上帝. 林俊宏，译. 北京：中信出版社，2022.

44. 曾国藩. 曾国藩家训译注（上册）. 张天杰，译注. 上海：上海古籍出版社，2019.

45. 曾国藩. 曾国藩全集（书札下）. 石家庄：河北人民出版社，2016.

46. 中共中央宣传部，编. 习近平新时代中国特色社会主义思想三十讲. 北京：学习出版社，2018.

47. 中国社会科学院语言研究所词典编辑室，编. 现代汉语词典第5版. 北京：商务印书馆，2007.

48. 中华人民共和国教育部. 义务教育语文课程标准（2011年版）. 北京：北京师范大学出版社，2012.

49. 中华人民共和国教育部. 义务教育语文课程标准（2022年版）. 北京：北京师范大学出版集团，2022.

50. 钟传祎. 学科作文教学的理论与实践. 北京：语文出版社，2010.

51. 钟传祎. 写中学——让学习更有效的学科写作教学. 南京：江苏教育出版社，2013.

52. 周敦颐. 周子通书. 上海：上海古籍出版社，2000.

53. 周国平. 人文精神的哲学思考. 武汉：长江文艺出版社，2015.

54. 朱光潜. 谈写作. 北京：北京教育出版社，2014.

55. 朱永新. 新家庭教育论纲——新教育在家庭教育上的探索与思考. 长沙：湖南教育出版社，2020.

56. 朱永新. 新教育. 北京：文化艺术出版社，2010.

57. 朱永新. 新教育年度主报告. 武汉：湖北教育出版社，2014.

**报刊等**

1. 蔡育曙. 历代学人论"辞达". 黄冈师专学报，1990（04）.

2. 丁松虎，马武林. 教育传播学视野下的电脑写作概念厘定. 电化教育研究，2009（09）.

3. 董洁，谢超香. 美国"国家年度教师"的优秀特征与制度反思. 教师教育论坛，2019（3）.

4. 高慧敏. 从口语日记到Vlog：身体视域下的一种自我传播形态演变. 中国地质大学学报（社会科学版），2020（01）.

5. 耿磊. 机器人写稿的现状与前景. http://media.people.com.cn/n1/2018/0121/c40628-29776826.html,2018-1-21.

6. 郭晶. 语用学视野下中学鲁迅作品教学研究. 大连:辽宁师范大学,2019.

7. 海门新教育. 师生共写随笔 心灵自由歌唱. https://mp.weixin.qq.com/s/ArrakBiPyHmM0Qf75nZJgA,2020-07-22.

8. 海门新教育. 做一个不忘初心的追梦人. https://mp.weixin.qq.com/s/Uq3jV5r4GBFcQoDUdf5kug,2020-03-16.

9. 李若愚. 治疗灵魂的哲学方法. 济南:山东大学,2020.

10. 李镇西. 一线教师为什么要写文章?——教育写作微讲座(1). https://mp.weixin.qq.com/s/BC4JIHVx_xaMAMIg2pEIWQ,2020-06-19.

11. 刘正伟,庄慧琳,陈恬妮. 美国真实写作评估的理论和实践. 中学语文教学,2022(04).

12. 罗绍和. 中学作文教学的语用学策略研究. 重庆:重庆三峡学院,2020.

13. 欧本珍. 当代写作学学科述评. 社会科学家,2006(S1).

14. 钱理群. 对话与发现——中小学写作教育断想. 教师之友,2004(12).

15. 荣天竞. 写作评价量表及其开发. 语文教学通讯,2022(07).

16. 施普林格·自然集团. AI将如何改变写书与读书的方式?. https://mp.weixin.qq.com/s/SugzC1MBVwFYSSwCfDTMCA,2022-

05-18.

17. 宋仕杰妈妈. 莒南五中：亲子共读《傅雷家书》有感. https://mp.weixin.qq.com/s/SY70RN0DBTVtremCsQLiGw, 2022-02-10.

18. 孙素英，肖丽萍. 认知心理学视域中的写作过程. 北京师范大学学报（人文社会科学版），2002（01）.

19. 陶锋. 人工智能推动文学新发展. 中国社会科学报（第四版：文学），2019-06-17（https://epaper.csstoday.net/epaper/read.do?m=i&iid=5568&eid=37224&idate=12_2019-06-17）.

20. 王奕婷，陈霜叶. 芬兰"现象学习"的发展与启示——访"现象学习"的创建者科丝婷·罗卡（Kirsti Lonka）教授. 全球教育展望，2022（04）.

21. 先刚. 书写与口传的张力——柏拉图哲学的独特表达方式. 学术月刊，2010（07）.

22. 新华网. 传扬优秀家风"清风北京·廉洁齐家"家风作品征集活动持续开展. https://www.takefoto.cn/viewnews-2506547.html，2021-06-07.

23. 杨清鹏. 基于中学生心理特点的作文教学策略研究. 西北师范大学，2013.

24. 杨汭元. 整合性"学科写作"——"研究性写作"教学的新资源. 基础教育研究，2004（8）.

25. 曾祥娟. 美国NWP对我国英语教师职业发展的启示. 海外英语，2010（11）.

26. 张松祥. 学科作文的教改价值与实施策略. 教学与管理, 2014 (06).

27. 张桐源. 莒南三小: 在写作中成就最好的自己. https://mp.weixin.qq.com/s/dYl0dC6DcGaeqjSHm8NsUA, 2020-07-02.

28. 张增田, 靳玉乐. 论新课程背景下的对话教学. 西南师范大学学报(人文社会科学版), 2004 (05).

29. 赵珂, 周成海. 教师写作小组: 美国教师专业发展的重要组织形式. 当代教师教育, 2019 (01).

30. 郑倩芸. 教育文化学视域下高中语文阅读教学的信息化教学设计研究. 桂林: 广西师范大学, 2018.

31. 中国社科院文学所网络文学发展研究报告课题组. 2021中国网络文学发展研究报告. https://mp.weixin.qq.com/s/n8qenC3fqCeCH08tv8AaNA, 2022-04-07.

32. 钟传祎. 我的第一届学科作文实验班. https://mp.weixin.qq.com/s/B_FLQGdjZEh5GYIUG0Ac0w, 2021-01-04.

33. 钟传祎. 学科作文教学的"四化". 语文教学通讯, 2021 (36).

34. 周爱保, 马小凤, 李晶, 崔丹. 提取练习在记忆保持与迁移中的优势效应: 基于认知负荷理论的解释. 心理学报, 2013 (08).

35. 周采. 柏拉图的未成文学说与书写批判及其教育意义. 清华大学教育研究, 2011 (01).

36. 最新人群——"Z世代"的生存状态. 中国青年研究, 1999 (03).

37. 朱永新. 家校合作激活教育磁场——新教育实验"家校合作共育"的理论与实践. 教育研究, 2017 (11).

38. 朱永新. 新教育实验二十年：回顾、总结与展望. 华东师范大学学报 (教育科学版), 2021 (11).

39. 朱永新. 阅读搭建精神的天梯——2021新教育年度主报告 (演讲版). https://mp.weixin.qq.com/s/y1IMzYTW5zAy7_eQ8Xdz6A, 2021-10-24.

40. 朱永新. 新教育实验的师生共写——从书写作品到书写人生. https://mp.weixin.qq.com/s/kzD8uAKe5dOA3wyK2H_omg, 2021-08-18.

# 主 题 词

**A**

AI 写作

**B**

八股文
白话文写作
柏拉图
榜样示范
本体论

**C**

晨诵
成长力
成长历程

传播史
创造空间
存在论

**D**

大众化
地缘共同体
缔造完美教室
读写技能
读写结合
读者意识
对话
对话存在论
对话录

多元文化论

## F
反思
反思性
泛写作时代
父母日记

## G
感知人工智能
个性化
给教师的建议
共读共写
共同价值
共同语言
沟通力
观察者
国家年度教师
国家阅读形象大使
过一种幸福完整的教育生活

## H
合力
合作
核心素养
互联网时代
互联网写作

## J
基本立场
基本权利
家风建设
家庭教育
家庭日记
家庭书信
家校便签
家校共写
家校共育
家族月报
价值主张
建设数码社区
教师发展观
教师写作

教师写作共同体
教师专业发展
教育榜样
教育生活
教育史
教育写作
教育叙事研究
教育在线网站
教育智慧
精神共同体
精英写作

K
课堂参与度
口头写作

L
里程碑
理想目标
立言不朽

M
媒介
民间故事
模式
母语写作
暮省

P
培养卓越口才
平等
平面媒体
评价量规

Q
亲子通信
情动辞发
情境教学
情境性
全景观写作
全媒体写作
全民化写作
全民阅读

全球化

全体式写作

全心性写作

全学科写作

R

人际交流

人类命运共同体

人类文化

人文合一

人文教育

认知人工智能

日记课程

S

三表法

三维解析

三专模式

社会本质

生存技能

生力军

生命成就

生命传奇

生命共同体

生命叙事

生命原型

生命遭遇

师生共写随笔

书面写作

数字原住民

说写课程

思维

思维导图

思想劳动

随笔（日记）接龙

T

听读绘说

团队精神

W

网络师范学院

网络写作平台

文化工具

文化力
文化人类学
文气
文如其人
文以载道
文章学
午读

## X

习作课程
现代写作
写作
写作革命
写作共同体
写作能力
写作评价
写作史
写作原理
写作圆锥论
新教育儿童写作
新教育家庭写作
新教育家校共写

新教育师生共写
新教育实验
新教育网络教师学习中心
新教育网络写作
新教育写作
新教育阅读
新媒体写作
新生命教育
信息化
行动研究
幸福完整
学科写作
学生写作
"学习金字塔"理论
血缘共同体

## Y

研发卓越课程
研究者
雁群效应
以读促写
以写促学

以学促写
义务教育语文课程标准
英雄史诗
营造书香校园
语言密码
语用表达论
元语言
阅读史
阅读水平
运算人工智能

**Z**

Z世代

真实性写作评价
整体联动论
智能化平台
终身学习
朱永新成功保险公司
主观意识
主流文化
主体性
专业交往
专业写作
专业阅读
自媒体
自我价值

# 后 记

"学而不思则罔,思而不学则殆"。阅读与写作,是人的心智成长的双翼,也是新教育实验特别重视的两个方面。在新教育实验的十大行动中,"营造书香校园"排在首位,"师生共写随笔"紧随其后,是排在第二位的重要教育行动。如果说,阅读是输入,写作就是输出,两者互相依存,相得益彰。更为重要的是,真正的思考是从写作开始的。

在当下,我们已经进入"全民写作时代"。写作,已经不再是部分人的职业和专长,而开始逐步成为每个公民适应社会变化和终身发展的核心素养。在今天,每天都有数亿中国人在微信等即时通讯软件上敲击文字,在论坛、博客、微博、朋友圈等自媒体上发出自己的声音,讲述个人、家庭、职场、社会、国家乃至人类的故事。在阅读呈现出多样化、碎片化、浅层化的同时,写作也呈现出了前所未有的私人化、平民化、普遍化、自主化的特点,在人们的生活与工作中发挥着越来越重要的作用。

阅读研究，是新教育用力最多、成效最明显的领域。随着书香校园工作的不断推进，我们越来越意识到，需要组织力量深入研究写作问题。为此，2018年12月31日举行的2019年新教育元旦论坛上，正式成立了苏州大学新教育研究院新教育写作研究中心，并且以写作为主题先后召开了新教育国际论坛和新教育年会，出版了新教育儿童写作的系列教材。这本《写作创造美好生活——新写作教育论纲》，就是我们对新教育20多年在写作理论和实践方面探索的初步成果。

本书是在2022年新教育年会主报告《写作创造美好生活》基础之上形成的成果，也是新教育团队协同攻关的成果。

新教育年会主报告由我拟定基本思路、框架，并与新教育研究院李庆明先生、林忠玲先生、许卫国先生，苏州大学文学院陈国安先生，苏州大学新教育研究院杨帆博士、管童博士，新教育研究院新考试与评价中心主任李东琴博士等组成写作小组，在研读文献、调研学习的基础上，由李庆明、管童和我分别拿出初稿，再由写作小组的成员分别修订完善，经过前后共计十余次修改，再交新教育理事会和相关专家讨论，最后由我合成定稿。

在准备主报告期间，我们研读了国内外的大量论著，多次请教了新教育团队内外的许多专家，新教育理事会许新海理事长和江苏海门的新教育教师团队，新教育研究中心严文蕃主任（美国马萨诸塞大学波士顿分校终身教授），苏州大学新教育研究院许庆豫教授、唐斌教授、尹艳秋教授、杨帆博士、郝晓东博士、苏州大学新教育写作研究中心的张菊荣主任、管建刚副主任，新教育研究院卢志文名誉院长、李镇西院长、陈东强副院长、张荣伟副院长，新阅读研究所执行所长李西西、副所长郭明晓，国家督学成尚荣先生，江苏省教育学会副会长叶水涛先生，美国得克萨斯理工大学教育学院蓝云教授，美国休斯敦学区教育局叶仁敏博士，浙江宁波效实中学副校长张悦博士，江苏省扬州中学特级教师王雄，以及新教育部分种子教师等，同时在苏州大学新教育研究院、海门新教育实验区等地多次召开了专题研讨会，并于2022年7月在四川旺苍举行了以师生共写随笔为主题的新教育年会。承蒙多位参与者贡献了一线大量案例与精彩点评，提出了许多珍贵的思想与宝贵的建议。

在最后编辑书稿的过程中，新教育研究院李庆明副院长、苏州大学新教育研究院管童和李筱寅两位在读博士，协助我做了大量编校工作。新阅读研究所的同仁也认真研读书稿，协助我做了大量具体工作。新教育种子计划公益项目汇总的"新教育资源包"，为有意开展新教育写作工作的学校、教师，免费提供教学培训和参考资料。需要者可发邮件至xinjiaoyu1999@163.com，说明情况，得到协助。

感谢所有为本书做出贡献的专家朋友和新教育同仁。

朱永新

2023年1月8日，写于北京滴石斋